超越國界的公民思辨

如何與異溫層交流？
沒捐錢給難民是錯的嗎？
當代倫理學大師談全球化時代的道德難題

克瓦米．安東尼．阿皮亞——著
Kwame Anthony Appiah
盧靜——譯

Cosmopolitanism

Ethics in a World of Strangers

推薦序

如何做世界的台灣人？

美國台灣觀測站共同編輯　李可心

二〇〇六年哲學家克瓦米．安東尼．阿皮亞在美國出版了《超越國界的公民思辨》，以輕鬆口吻說明「世界主義」以及該主義的重要性。那年的世界有伊拉克戰爭、以黎衝突、朝鮮首次核試驗，以及孟買火車恐攻，但說到底還是個相對安穩的一年，距離二〇〇八年金融風暴還有兩年，距離引發敘利亞內戰以及後續歐洲難民危機的阿拉伯之春也還有四年，俄羅斯、中國的威權野心更不是國際威脅。當時的世界似乎也比較「單純」，iPhone尚未問世，Facebook僅成立兩年，Google買下YouTube時還受到質疑。世界僅是我們看到的實體，並不是存在於一則則貼文、由指尖與演算法控制。而那年的台灣則是聚焦於百萬人倒扁運動，看著對岸蓬勃發展的經濟，思考、詢問著自我認同。

在《超越國界的公民思辨》出版後十二年，阿皮亞又推出了一本推崇世界主義的書——《謊言背後：從信仰、國家、膚色、階級、文化重思身分認同》（*The Lies That Bind: Rethinking Identity—Creed, Country, Color, Class, Culture*），然而阿皮亞的態度變得急切。或許如其他幾位在同年出書的重量級作者一樣〔如法蘭西斯・福山（Francis Fukuyama）等〕，他們都因英國脫歐、川普當選，對世界前景感到憂慮，擔憂身分認同導致更多種族、階級間的衝突。

很顯然的，他們的擔憂並非捕風捉影。二〇二〇年美國爆發嚴重種族衝突，二〇二二年俄羅斯以國族主義為由攻打烏克蘭，二〇二三年以哈衝突爆發，歐洲的極右派與反移民勢力更是在過去十年持續獲得支持，台灣也因中國狂熱的民族復興論述備受戰爭威脅。這時候，正是回顧阿皮亞二〇〇六年所推崇的世界主義的必要時刻。

世界主義起於對人類的根本關懷，是一個看待世界的態度，也是一個認知自己在這世上角色的方式，如阿皮亞二〇一八年著書書名所暗示的，世界主義是個身分認同。

事實上，如此帶著跨域的認同或全球性的關懷意識並非新概念，甚至是相當古老。西元前四百年，古希臘哲學家第歐根尼（Diogenes the Cynic）稱自己為世界公民。近代十八世紀美國政治思想家湯瑪斯．潘恩（Thomas Paine）也曾說：「世界是我的國家，全人類都是我的兄弟。」（The world is my country, and all mankind are my brethren.），並被後人視為擁有「全球人類認同」（Global human identification）。過去的一百年，世界認同更成為心理學課題，一九五〇年代心理學家桑普森（Donald L. Sampson）和史密斯（Howard P. Smith）研究了「世界意識」（world-mindedness），強調世界意識並非那些擁有許多國際知識的人，而是具有超越種族、關懷全人類的人。

說到這裡，可能會有人以「雅量」、「包容」總結世界主義的意義與實踐，或將阿皮亞的著作歸類為其中一本「去西方主義」的書。然而筆者認為，阿皮亞筆下的「世界主義」是更加主動、積極的態度，不只有接納不同文化與事物的雅量，還有願意放下自我、挑戰既有價值的勇氣。我想阿皮亞的目標，並不是反對或去除西方主義，而是讓人反思西方建立的價值與論述。

阿皮亞在書中寫道，世界主義的根本是「智慧、好奇和深入交往」，聽起來簡單，卻有違人性，尤其是「定錨效應」的心理，更有違現代人崇尚的「理性思考」。阿皮亞挑戰了許多人認同的「普世價值」，讓人發現所謂的「普世」恐怕並非真正的普世。有趣的是，阿皮亞總能以溫柔的語氣為讀者帶來思想衝擊，這或許也是真正擁有世界主義的人，才能夠達到的，因為他理解讀者的不解。也不難想像阿皮亞的論述可能在部分人的意識形態光譜中被歸類為「左膠」，不過筆者不認為如此，阿皮亞的思想並非要求讀者改變原先的價值評判，而是擴大思考框架，透過真誠地看待世界的每一條人命、每一種文化、每一個種族，從而尊重、珍視他們的存在與權利。更大的思考框架以及對人類社會更多元的珍視，這正是當代世界亟需的。

二〇二四年，戰火在各處延燒，獨裁者大規模將攻擊目標「非人化」、各地轟炸指令也遠比停火協議簡單太多。這時候呼籲「世界主義」似乎不切實際，不如思考更有效的國際制裁、軍事援助與首長對話。或許就像阿皮亞在書中誠實地說：「這本書要討論的並不是實際政策，也不是全球化的真實面貌。我的本行是哲學家，而哲學家很少會寫真正有用的書。」不過筆者不同意阿皮亞這句話的後半段，因為縱使「世界主義」無法有效解決當前的國際衝突，卻能夠有效處理人們心中對國際議題的糾結與狹隘，並思考國家方向與定位，而對於當今受國際矚目的台灣而言，更是重要。

「台灣是世界的台灣」是近幾年台灣執政黨為台灣定調的論述，如此「多角化經營」策略也是筆者認為當前國際趨勢下，對台灣國安與經濟永續最有利的走向。然而我們會發現，台灣在面對世界以及看待國際投資時仍帶有成見，並以「挑選」而非「真誠認識」的心態交流，從南向、外籍移工政策，乃至與友邦交流，這些眼光已成為台灣外交、與國際交流接軌的阻礙。

「世界」是什麼？價值從何而生？我們又如何看待、認識、接納這世界，並自我定位？《超越國界的公民思辨》是一本在紛亂時刻帶給人衝擊、啟發與安慰的書，透過作者的溫暖口吻，思索在這因多元而美麗，也因多元而醜陋的世界，該扮演什麼角色、如何做世界的台灣人。

推薦序
既普遍又有差異的哲學

文化大學哲學系副教授　吳豐維

許多哲學界的人都會戲稱，哲學大概是全世界最「白」的一個學門。這個說法並非無的放矢，因為它不僅反映在全球哲學界的人口構成（白人占據絕大多數），也展現在主流哲學界對於哲學內涵的理解：基本上，哲學被視為是「歐洲人的智慧」（也就是白人的智慧）。十九世紀日本人將「philosophy」這個西方學問之王引入東亞時，還特地造了一個新詞來指稱它，這個詞就是我們沿用至今的「哲學」。儘管現今哲學界使用的方法論與分析框架源自歐洲，但是「只有西方有哲學」的說法卻是大錯特錯，事實上，許多不同的文化傳統中，也有豐富的哲學思考。這本書就是一個證明。

本書作者阿皮亞是全球知名的倫理學與政治哲學家，擁有迦納血統的他出生於英國，黑色皮膚的他受過最菁英的西方教育，也在世界上最卓越的大學任教，但他也深以自身的迦納文化背景為榮。在這本書裡，他講了許多來自迦納的故事與文化傳統，並從中萃取出獨特的哲學觀察，而這些思想完全可以與西方的哲學思考對接與對話。或許阿皮亞的用意是試圖證明，哲學追求的是人類共通的智慧，哲學可以既是普遍的，也可以是差異的。在這本書裡，阿皮亞嘗試辯護一種獨特的人類道德理想，這個理想被稱為「世界主義」，也就是人類應該拋棄褊狹的部落化價值觀，並致力於建立一套全人類信守的倫理理想，因此我們不再只限囿於自身的城邦（polis），而是放眼全人類的共同生活。

有趣的是，當代學界所討論的世界主義，其實是一個很典型的歐洲啟蒙理想，所謂的普世價值其實起源自西方視角的投射。阿皮亞對現代性與全球化的陰暗面知之甚詳，但是他也明白文化相對主義的可能危險，例如他在書中一再談及的非洲女性被迫行割禮的傳統，以及試圖建立封閉道德秩序的基本教義派，都打著文化相對主義的大旗，對抗外界的道德批判。不過，阿皮亞辯護的是涵納多樣文化的世界主義，以他的用語來說，就是「普遍性加上差異性」（universality plus difference），因此不會陷入傲慢的普遍主義，也不會落入褊狹的相對主義。

在全球哲學界裡，阿皮亞無疑是第一流的說書人，他擅長用生動的故事帶出深遠的寓意，艱澀的哲學理論在他流暢的行文中，嵌入得如此自然而不刻意。讀者無論是從哲學興趣出發，或是基於歷史文化的好奇，都能從此書得到啟發。

推薦序

在「普世價值」和「差異多元」間的思辨與實踐

臺北市立建國高中歷史科教師　黃春木

先來說個小故事。

氣候變遷對於自然生態、人類生活、國際情勢已帶來巨大衝擊，迫切的危機喚起有識之士紛紛投入，希望能夠啟動緊急措施，並建立長期因應與改善的系統。聯合國更視為重大議題，列為全球性「二〇三〇永續發展目標」（Sustainable Development Goals, SDGs）的第十三項。這裡頭需要多方努力的事項很龐雜，挑戰艱鉅，有兩位持續在世界各地投入「氣候行動」的好朋友合作無間，卻在一件事情上發生嚴重分歧。原因出在其中一個人，姑且稱為A先生，他每到一處工作，如果有機會搭乘計程車，就不考慮大眾運輸工具。這似乎不應該是環保志工、氣候行動鬥士的作為！在多次勸說無效後，好朋友忍無可忍，兩人終於大吵一架，各自引用科學數據，辯駁「計程車」與「氣候變遷」間的因果關聯。

一番唇槍舌戰之後，A先生終於娓娓道來心裡話。原來他的父親是計程車司機，每天長時間工作才能賺到養家活口的收入，並設法栽培孩子們讀書。父親從沒抱怨，自己省吃儉用，把愛全都給了孩子們，直到生命的盡頭。因此，學有所成的A先生到世界各地出差，總是希望搭乘計程車，司機通常是中高齡者，這不是貪圖方便或自恃身分，而是想關照如他父親一般辛苦工作、養家活口的人們。這些人雖然都是陌生人，但A先生總懷著一份親切感，仿佛看到父親的身影。

我的問題是：「我們該以氣候行動之名批判A先生嗎？」以及「理性論辯能夠解決這兩位好朋友間的爭議嗎？」

呈現上述問題，只是暖身，接著把焦點轉移到「我自己」身上。

在全球高度的互動、關聯中，我該以何種態度看待遠方的陌生人？或是對待千里而來的難民或移民？對於目前陷入戰爭的烏克蘭與俄羅斯、巴勒斯坦與以色列，我需要關注嗎？這兩場戰爭與我的關聯可能是什麼？這樣的關聯是如何形成的？

而更切身的問題是：學校老師或政府（如教育部《中小學國際教育白皮書2.0》）一直鼓勵我要努力成為「全球公民」，開展「人飢己飢，人溺己溺」的感受及行動，我該如何實現啊？遠方國度的天災人禍，為何會成為我不該漠視的責任呢？

以上這一連串大哉問，正是阿皮亞在《超越國界的公民思辨：如何與異溫層交流？沒捐錢給難民是錯的嗎？當代倫理學大師談全球化時代的道德難題》深刻思辨、用心回答的核心議題。而回到原文書名「Cosmopolitanism: Ethics in a World of Strangers」，就能清晰地了解阿皮亞所思考的是「我們與陌生人的距離」。一方面，我們應不應該跨越距離——為陌生他人的幸福著想，或分攤其苦難？另一方面，作為良善的人，我們該如何跨越距離——無視地域或國界，依據「普世價值」泯除文化或族群間的差異？

「距離」或「差異」當然是既存的事實，但在實體互動或網路交流已讓「天涯若比鄰」成真的此刻，我們如何在消除隔閡的同時，又能認真看待他人的生活方式而尊重差異，在理性論辯發展共識的過程，還能懷抱著同理心，保留持續對話的機會？阿皮亞認為，追求「普遍性」是優先目標，但這得經由對於「差異性」的尊重才能實現；不過，這樣的尊重是有前提的，「差異性」不應牴觸我們對於每一個人的生命或福祉的普遍關注。

如果你正在思考「如何讓自己成為更好的人」，本書將以「實現善的最大化」為你展現一個恢弘深刻的視野。透過持續對話來發展共識，以尊重差異去消除隔閡，這是邁向「世界主義」的必然挑戰，但非常值得。

目次

3 真正的事實

我們眼中看見什麼取決於我們內心相信什麼。

4 道德分歧

分歧造成的爭辯不在於形成共識，而是為了理解彼此。

5 實踐才是核心

與異文化和平相處需要的是，展開對話，並透過交流習慣彼此。

6 幻想中的陌生人

跨文化對話的關鍵在於，參與交流的人彼此之間的共通點。

7 世界主義與文化污染

我們無時無刻不受到來自世界各地的影響，對「純淨文化」的追求也就彷彿烏托邦幻想。

8
誰的文化？

任何民族的文化財產若遭遇損害，
無非也是對全人類文化遺產的危害。

9
惡性世界主義

「每個人都很重要」這不僅是世界主義的核心理念，
也是寬容的底線。

10
給陌生人的善意

並非所有價值都可以用同一種標準衡量，
我們對陌生人的義務也是如此。

獻給我的母親，這個世界與眾多世界的公民

……予君，惟君常
以我戲言有義
——羅馬詩人卡圖魯斯（Catullus）

前言　對話

我們的祖先當了很久的人類。如果一個四千年前的尋常女嬰被時空旅人綁架，在當代紐約的平凡家庭長大，她現在已經滿十八歲準備好上大學了。她會學到英文（也許還有西班牙文或是中文）、了解三角學、看棒球、聽流行音樂，或許還會想要穿舌環，還有弄一、兩個刺青。她跟留在四千年前的兄弟姊妹不會有絲毫相似。在人類大部分的歷史上，我們都是出生在只有幾十個人的小社會，和這些人結伴採集狩獵，一天之中往往只會見到我們這輩子最熟悉的人。這些亙古以前的祖先所吃的每一份食物、所穿的每一件衣著、所用的每一種工具、所祭祀的每一座神壇，都是在這個小社群裡製造的。他們的知識來自祖先的教誨和自己的經驗。世界便是如此塑造人類，塑造我們的天性。

而在今天，如果我在某個尋常的日子走上紐約的第五大道，我所看到的人類，會比大多數史前採集者一生中所看過的還要多。在這段漫長的時光裡，我們的一些祖先選擇定居下來，學會了農業。他們建立起村莊，匯聚成集鎮，最後建造了城市，然後發現了書寫的魔法。但這一切都非常緩慢。直到西元前五世紀末，蘇格拉底去世的那一刻，整個古雅典的人口都只需要幾座摩天大廈就能容納。四分之三個世紀後，亞歷山大從馬其頓開始征服世界，他的麾下也只有三、四萬人，遠比每週一早上從愛荷華州各地通勤到德梅因上班人還要少得多。到了西元一世紀，羅馬城的人口才達到一百萬，那是世界上第一個有此規模的城市。為了餵飽所有居民，羅馬人不得不建立一個大帝國，將非洲的穀物運回本土。此時的他們已經學會如何在緊密的社會中生活，接受有許多人和你說一樣的語言，和你遵循一樣的法律，為你耕種餐桌上的食物，而這些人絕大多數你一輩子都不會認識。萬古歲月為人類所塑造的大腦，竟能適應如今這種全新的生活方式，簡直就是奇蹟。

即使我們的社會開始逐步擴張，多數人對其他部落的生活方式仍知之甚少，也只能影響少數在地人的生活。直到過去幾百年，人類的每一個小社會，才逐漸被納入同一個貿易網絡和全球資訊網；現在每個人都完全可以想像，自己如何和六十億同類中的任何一個人搭上線，然後送給對方一些有價值的好東西，比如收音機、抗生素，或是好點子。不幸的是，如果我們一時疏忽或是懷抱惡意，同樣也能輕易送出會造成惡果的事物，像是病毒、空氣污染或是壞主意。而一旦換作政府以我們的名義實施政策，結果又可能放大無數倍——或許是難以斗量的好，但也可能是細數不盡的惡。只要合作，我們就可以傾銷有國家補貼的糧食、設下懲罰性的關稅、輸送無數的武器，毀掉他處的貧困農民、工業，殺死成千上萬的人。但靠著合作，我們也可以找到全新的貿易和援助政策，提升生活水準、製造新的疫苗與藥物以預防和治療疾病、採取措施應對氣候變遷、鼓舞人們抵抗暴政、關心每一條生命的價值。

當然，由廣播、電視、電話和網際網路組成的全球資訊網，意味著我們不僅能影響，也能知曉世界各地的生活。只要我們知道一個人存在，又能夠影響他，那我們就對那個人有責任——這是很基本的道德概念。整個世界已經成為同一個部落，但這也讓我們面臨到一大挑戰，那就是如何考量各地在數千年的生活中，累積成形的思想與心念，並提供有效的觀念和制度，讓整個部落能一同生活。

＊＊＊

而我們又該以什麼名義推廣這些觀念與制度？絕對不是「全球化」（globalization）——這個字眼一度只是某種行銷策略，後來又成了一種總體經濟理論，直到現在，它似乎可以涵蓋一切，但又什麼都不是。而「多元文化主義」（multiculturalism）也行不通，因為它同樣沒有中心思想，而且往往像它聲稱要解決的問題一樣褊狹。於是我帶著矛盾的心情選擇了「世界主義」（cosmopolitanism）。這種立場的內涵同樣眾說紛紜，而且推崇「世界」，似乎就暗示著對於所謂「地方」（provincial）懷抱著討人厭的優越感，讓人想到那種打扮時尚、錢包裡躺著飛行白金卡的潮潮，對著身穿吊帶褲的紅脖子農夫擺弄紆尊降貴的親切態度。噁。

不過我覺得還是有機會拯救一下這個字眼，畢竟它的歷史淵源很深遠。「世界主義」至少可以追溯到西元前四世紀的犬儒學派（Cynics），他們首先創造了「世界人」（cosmopolite）這個詞，也就是「世界公民」。而這個說法打從一開始就是自相矛盾的，這也反映了犬儒學派對習俗和傳統一貫的懷疑態度。因為所謂的「公民」（politēs）必定屬於一個特定的城邦（polis），一個他應當效忠的城市。而這裡的世界（cosmos）指的甚至不是整個地球，而是整個宇宙。也就是說，當時犬儒們提出的世界主義，是在拒斥傳統上「每個文明人都屬於眾多社群裡其中一個社群」的觀念。

到了西元前三世紀開始，斯多葛學派（Stoics）採納並進一步探索了這個主張，這件事也深深影響了後來的思想史。斯多葛主義在羅馬大受歡迎，諸如西塞羅（Cicero）、塞內卡（Seneca）、愛比克泰德（Epictetus）和皇帝馬可・奧理略（Marcus Aurelius）等人都是著名的斯多葛學者；而在基督教成為羅馬帝國的國教後，斯多葛主義又被基督教的知識分子傳承下去。說來諷刺，儘管奧理略極力鎮壓基督教會，但他在西元二世紀率領羅馬帝國對抗蠻族侵略時所留下的哲思札記《沉思錄》，卻在未來兩千年裡不斷吸引著基督教的讀者。我認為，這本書有部分的吸引力，是在於這位斯多葛皇帝對人世大同的世界主義信念，與聖保羅堅持的理想有所呼應，也就是：「不再分猶太人或希臘人，奴隸或自由人，男人或女人，因為你們眾人在基督耶穌內已成了一個。」[1]

然而，世界主義後來的發展並沒有這麼大同。它支持啟蒙運動中一些偉大的道德成就，比如一七八九年的法國《人權宣言》（*Déclaration des Droits de l'Homme et du Citoyen*）和德國哲學家伊曼努爾・康德（Immanuel Kant）在《永久和平論》中提出的「國際聯盟」（Völkerbund）。有「德國伏爾泰」之稱的克里斯托夫・馬丁・維蘭德（Christoph Martin

Wieland）在一七八八年的《德意志信使雜誌》（*Teutscher Merkur*）上發表了一篇文章，以世界主義者典型的口吻說：「世界主義者……認為，世界上所有民族都是同一個家庭的許多支系，整個宇宙也都是一個國家，而自己和其他無數擁有理性的存在一樣，都是這個國家的公民，一同在自然的法則下，促進著整體的完美，但每個人也以各自的方式經營自己的福祉。」[2]而伏爾泰本人（唉，都沒人叫他「法國維蘭德」）也曾高談我們有義務理解其他與我們共享地球的人，並明確指出這種義務和全球的經濟相互依賴有關。「我們吃他們土地上的作物，穿他們編織的布匹，玩他們發明的遊戲，甚至遵循他們古老的道德寓言。我們歐洲的商人自從打通商路，就一直來往於這些國家之間，但為什麼我們始終疏於了解這些國家的思想？」[3]

從上述的例子可以看出，世界主義思想是由兩個基本觀念交纏而成的。第一種觀念是我們對他人負有義務，而且這份義務不只及於血緣和情誼，甚至遠超越公民同胞的紐帶。另一個觀念則是，我們不只應當重視所有人類的生命，還應當看重具體的生命經驗，這代表我們要渴望了解賦予他人生命意義的習俗與信仰。世界主義者知道人與人之間有所差異，但從這些差異裡，我們可以學到很多。而既然人類有這麼多的可能性值得探索，我們便不會期待，也不會想讓每個人或每個社會都走向同一種生活方式。無論我們對他人（或他人對我們）有什麼義務，每個人通常都有權利走自己的路。但正如之後我們會看到的，「普世關懷」和「尊重正當差異」這兩種理想，有時也會彼此牴觸。某種程度上，「世界主義」指的不是一種方案，而是一項挑戰。

我們能將「世界公民」的理念實現到什麼程度？我們真的應該基於「人性」（humanity）這個浩瀚的抽象概念，放棄所有對在地的忠誠與偏愛嗎？有些世界主義的支持者確實樂於這麼想，而他們也因此經常淪為笑柄。十八世紀重農主義者（physiocrat）米拉波侯爵（Victor de Riqueti, Marquis de Mirabeau）在開始忙於囚禁兒子之前[1]，寫下了《人類之友》（*L'Ami des hommes*）這本論著；後來蘇格蘭作家托瑪斯・卡萊爾（Thomas Carlyle）在談到他時便藉此發揮，留下一段令人難忘的評論：「人類之友，與其結交者之敵。」英國政治家愛德蒙・柏克（Edmund Burke）在談到盧梭時也說：「他熱愛自己的同類，憎恨自己的血親。」

---

① 指大革命期間頗受愛戴的國民議會議長奧諾雷・米拉波（Honoré Gabriel Riqueti, comte de Mirabeau）。奧諾雷幼年曾患天花而容貌寢陋，不得父親寵愛；就讀軍校後又因生活放蕩、屢欠賭債，被父親輾轉關入雷島、茹堡等貴族監獄。

因為盧梭把他生的五個孩子都送進了孤兒院。

然而，這種拒絕偏心的世界主義信條，仍有難以抵擋的魅力。維吉尼亞・吳爾芙（Virginia Woolf）就曾鼓勵人們「擺脫虛幻的忠誠」，無論是對國家、性別、學校，還是對鄰里的忠誠。托爾斯泰（Leo Tolstoy）也出於相同的精神，極力抨擊愛國主義的「愚癡」。他在一八九六年的一篇文章中寫道：「欲斷絕戰爭，必先消滅愛國主義。」而幾十年過後，沙皇就垮在一場高舉國際工人階級之名的革命下。一些當代哲學家也同樣主張，國家的邊界與道德無關，國界只不過是歷史的偶然事件，不應制約我們的良心。

即便同為世界主義者，這些友方觀點有時也令我躊躇；但還有些人對世界主義卻是亟欲除之而後快，對付這種人我絕對義不容辭。在世界主義的仇敵之中，最有名的便是希特勒與史達林，兩人雖然水火不容，但都同意「屠殺是鞏固政權的利器」，也屢屢對「無根的世界主義者」大加撻伐；雖然兩人口中的「反世界主義」往往只是「反猶太」的委婉之詞，但世界主義確實是他們的敵人。這是因為無論納粹還是共產黨，都要求人們效忠一小部分的人類，比如某個民族或是某個階級，而非忠於人類全體。國際主義者的共同信念正好相反：即使忠於在地，也不能成為忘記每個人都要對彼此負責。幸好，我們既不需要像民族主義者那樣拋下所有外國人，也不需要像最硬派的世界主義者一樣，以公正無私的冷漠對待所有朋友和同胞。還有一種更值得選擇的立場，我認為或許可以（兩者意義兼顧地）稱之為「偏愛的世界主義」（partial cosmopolitanism）。

英國作家喬治・艾略特（George Eliot）的小說《丹尼爾・戴隆達》（*Daniel Deronda*）中有個特別的橋段可以說明這種觀點。本書出版於一八七六年，英國史上唯一一位猶太裔首相，班傑明・迪斯累利（Benjamin Disraeli）[②]，正好也是在這年受封為比更士菲伯爵。雖然迪斯累利從小接受英國國教的洗禮和教育，但他始終以自己的猶太血統為傲〔畢竟他祖上就姓「以色列人」（Israeli），到了父親那代又改成「以色列人之後」（D'Israeli）〕。而小說主角戴隆達則是從小接受英國的基督教紳士教育，直到成年才發現自己有猶太血統；知情以後，他又自認「血統上的猶太人」，投身猶太復國事業：

② 其父伊薩克・迪斯累利（Issac D'Isreali）為當世知名文學評論家，祖上原姓以色列里（Israeli），為南歐的塞法迪猶太人（Sefardi）。為了增添家族的浪漫色彩，伊薩克將姓氏加上令人聯想到義大利或西班牙的D'，並在家譜中添加了許多顯赫人物。

猶如他在查明血統之際，也找到了另一個靈魂，使他擺脫偏心與否的苦惱，因為高貴的偏愛同樣是種美好的力量；親近的心意讓他不願止於同情，於是拋下先前顧忌偏心、脫離現實的理性，以更開闊的理性加入同胞，與他們共患難。

不過，戴隆達在心向猶太人，得到「另一個靈魂」的同時，並沒有放棄對全人類的忠誠。正如他對母親所說：「我自然希望帶著猶太人的自覺長大成人，但經歷更豐富的教誨、了解更多樣的人，對我同樣是件好事。」戴隆達在更前面的情節裡，也用了非常世界主義的話，解釋自己出國留學的決定：「我想成為英格蘭人，但也想了解其他的觀點，在學習中擺脫純粹的英格蘭姿態。」[4]忠誠和在地認同不僅決定了我們想要什麼，也決定了我們是誰。另外，艾略特說的「親近的情感讓他不願止於同情共感」，也呼應了西塞羅：「將最多的善意給予對關係最密切的人，最能利益社會與人類的聯繫。」[5]輕蔑私心與社群的教條或許曾經在過去盛行，卻開創不了未來。

＊　＊　＊

在我父親留給我和姊妹們的最後一封信中，他告訴我們：「記住，你們是這世界的公民。」但身為當年黃金海岸（Gold Coast，今迦納）獨立運動的領袖人物，他從不認為偏愛地方與普世道德之間有什麼衝突——成為在地的一分子，同樣也能加入更廣闊的人類社群。至於我的母親就完全是個英國人，她不僅與我們英國那邊的家族聯繫緊密，後來也徹底融入了迦納，在那裡住了五十幾年；對我來講，多重且互相重疊的家庭和部落意識已經是理所當然的事情。

認真要說的話，沒有什麼比這更理所當然了。從地質年代來看，人類離開非洲只不過是一眨眼的時間，但這世界上幾乎沒有地方是找不到我們足跡的。移民的衝動就跟定居的衝動一樣「自然」。同時，大多數人會去學習其他地方的語言和習俗，往往不只出於好奇。當然有些人是真的想滿足心靈，不過大多數人都是為了填飽肚子。對他人的行為一無所知，是有權有勢者才有的特權；而通曉多種語言的四海為家者，不是生活最糟糕，就是生活最好的人——不是住在貧民窟，就是在索邦大學的廊下漫步。因此，世界主義不該是什麼高遠的標竿，它的起點很單純：就像在國家民族的內部一樣，我們也需要在全人類之間培養共存所必需的習慣，而這種習慣就是對話——用古人的說法，對話就是共同生活、互相連結。

當然，對話在現在又有另一層意義。我成長於迦納阿散蒂大區的首府庫馬西；在我還小的時候，這裡最繁榮的一條路叫作「京士威大街」（Kingsway Street，意為御街）。在一九五〇年代，如果你沿著這條路漫步前往城中心的鐵路機場，你會先會經過巴菩商場（Baboo's Bazaar）。這家店專賣進口食品，經營者正是風度翩翩的巴菩先生，還有他一天比一天多的家人。巴菩先生在扶輪社裡很積極，所有庫馬西中產階級的慈善活動，他幾乎都出過一份力；不過說實話，我會記得巴菩先生，主要是因為他的微笑，還有他店裡琳瑯滿目的糖果。街上其他地方我都記不得了，因為不是每家店都有賣糖果，我想記也無從記起。不過，我倒是記得我們的米都是從伊朗兄弟那邊買的，也常常去黎巴嫩和敘利亞人、穆斯林和馬龍派基督徒的家裡串門子，甚至還有一位精通哲理的德魯茲教徒，他叫漢尼先生，賣的是進口布料；我年紀稍大以後，他就老是想跟我分享祖國黎巴嫩的種種麻煩。城裡還有各種「陌生人」：在市中心的軍營住了不少北邊「其他部族」的人，有士兵也有士官，臉上有各族獨特的疤痕紋身（scarification）圖案。偶爾也見得到歐洲人，舉凡希臘的建築師、匈牙利的藝術家、愛爾蘭的醫生、蘇格蘭的工程師、英國的律師和法官，以及大學裡來自世界各國的教授，這些人和殖民地官員不同，很多在獨立之後仍留了下來。小時候的我不曾想過，為什麼這些人會不遠千里來到我的家鄉生活和工作，不過我還是很高興他們有這麼做。跨界的對話可能會引人憂懼；隨著這世界愈來愈小，風險愈來愈高，這種傾向也愈來愈強烈。但別忘了，跨界對話也有很多樂趣。面對學者口中的「文化異質性」（cultural otherness）時不須必恭必敬，也不須驚惶失措。

世界主義是一種冒險，也是一種理想；但你不可能完全尊重多樣性，又期望每個人都變成世界主義者。每個人都可以自由選擇要如何與同類來往，這是完全正當的，就算要像美國的阿米什人一樣和外界保持距離，也不失為一種選擇；但無論如何使用這份自由，每個人也都有一樣的基本義務，也就是為了他人保持道德的行為。但如今，世界上的各個社會已經不太可能老死不相往來了（就算曾經可以）。人類這個物種始終都在遷徙，遺世獨立、離群索居反而是極為罕見的生活方式；世界主義並不艱難，否認它才是真正的艱難。

＊　＊　＊

九一一事件過後，許多關於區分「我們」與「他們」的討論就甚囂塵上。人們常理所當然地認為，世界上的衝突終究都是來自價值觀的衝突，也就是「我們認為善是這樣，他們認為善是那樣」。這種世界觀有著深刻的哲學基礎，經過深思熟慮和精心琢磨，而且聽起來頗有一番道理。但我認為它錯了。

我在這裡要再次強調：這本書要討論的並不是實際政策，也不是全球化的真實面貌。我的本行是哲學家，而哲學家很少會寫真正有用的書。不過，我還是希望讓你相信，全球化的背後存在著一些有趣的概念性問題。而我想討論的一些問題非常抽象：價值觀有多真實？當我們討論「差異」時，我們到底在討論什麼？有哪一種相對主義（relativism）說對了嗎？道德和禮俗何時會衝突？文化可以「被擁有」嗎？基於共通的人性，我們應當為陌生人做什麼？但在我們的生活中，這些問題並沒有表現得那麼抽象。說到底，我希望人們可以更難用「西方和其他國家」、「在地與現代社會」、「無情的利潤倫理（ethic of profit）與血腥的認同倫理（ethic of identity）」、「我們與他們」等方式分別這個世界。確實，外國人和圈外人都令人感到陌生，這些感受絕不虛假。只不過一直有人在鼓勵我們將其誇大了十倍，特別是出於善意的知識分子。

正如我之後的論證，抗拒討論「客觀」的價值觀是不對的，而我們這些生活在科學時代的人特別容易犯這種錯誤。當今的自然科學不探討對與錯，因此當一個人腦中是以物理學或生物學作為知識模型，就會傾向認為「價值觀不是真的（real）」，或者至少不像原子和星雲那麼真。為了對抗這種誘惑，我打算至少論證價值觀客觀性的一個重要面向：有些價值觀是，而且應當是普世性的，正如有許多價值觀是而且應當是地方性的一樣。我們不太可能將這些價值觀的重要程度，列成有共識的排名。因此我選擇回到用對話的模式來探討，特別是不同生活方式的人之間的對話。世界正變得愈來愈擁擠，在接下來的五十年裡，我們這個曾經以漁獵採集為生的物種，數量將會逼近九十億。根據具體情境，跨界的對話也許會令人愉快，也許會令人惱火，但幾乎都無法避免。

第一章

鏡子的碎片

◎ 旅人的故事

◎ 鏡子之外

旅人的故事

我們會在本書認識許多世界主義者和反對世界主義的人，但我想大概沒有其他人，能像我們的第一個旅伴一樣，將兩者的元素結合得這麼鮮明閃耀。這人就是理查・法蘭西斯・波頓爵士，他是一位維多利亞時代的冒險家，而他的一生可以說是印證了「現實比小說更離奇」這句格言。波頓出生於一八二一年，小時候曾與家人周遊歐洲，並花了不少時間了解羅姆人（或稱吉普賽人）。同時代的英國人常說他繼承了吉普賽人那種四海為家的生活方式。後來，他的家人在法國和義大利的英裔社區之間來回遷徙，而他選擇留在馬賽學習現代希臘語，同時也學會了法語和義大利語，以及那不勒斯方言。回到牛津時，他還學會了庇里牛斯山下介於法語和西班牙語之間的貝阿恩語（Béarnais），也和當時所有的大學生一樣，懂得古典希臘語和拉丁語。

波頓不只是個傑出的語言學家，他也是當時歐洲第一流的劍術家。在因為無視學校的賽馬禁令而被牛津大學開除前，他曾向一個同學提出了決鬥，只因為那人嘲笑了他的海象鬍子。結果那傢伙沒有意識到自己受到挑戰，因此波頓下了結論，認為他多半不是紳士①，只是個「賣雜貨的」。當然啦，對方也可能是紳士，只不過聽說過波頓的軍刀何等鋒快。

二十一歲那年，波頓前往位在巴基斯坦信德省的東印度公司赴任；於是除了現代和古典歐洲語言，他又通曉古加拉特語（Gujarati）、馬拉提語（Marathi）、阿富汗語和波斯語，原本在英國就開始學的阿拉伯語和印地語也更上一層樓。儘管他（至少在名義上）是位基督徒，但他還是於一八五三年冒充了來自印度西北邊境省②的帕坦人，以朝聖者的身分進入麥加與麥地那。他還曾經遊遍非洲，和約翰・漢寧・斯皮克在一八五八年成為第一批看見位於非洲中部的淡水湖坦干依喀湖的歐洲人，又以阿拉伯商人的身分行經索馬利亞，並造訪過獅子山、黃金海岸的海岸角與阿克拉，還有奈及利亞的拉哥斯。他對亞洲和拉丁美洲的許多地方都深有了解，甚至曾經翻譯過梵文的《欲經》（*Kama Sutra*，又稱《愛經》）、阿拉伯語的《芳香園》（*Perfumed Garden*）和《一千零一夜》（其中後者總共十六卷，還附上一篇惡名昭彰的「跋文」，內容包含世界上最早的跨文化同性戀考察）。不只如此，他還從葡萄牙語翻

---

① 只有紳士才能合法決鬥。

② 印度西北邊境省（Northwest Frontier Province）在二〇一〇年改名開伯爾—普什圖省（Khyber Pakhtunkhwa）。帕坦人（Pathan）今多作「普什圖人」（Pashtuns）。

譯了賈梅士（Luiz Vaz de Camões）的《葡國魂》（*Lusiads*），一部歌詠航海家達伽瑪的民族史詩。這些譯作讓他聲名大噪（雖然考慮到那些東方情色文學，主要還是臭名）；此外，他也整理了兩種印度語言的文法，寫下大量卓異的遊記，後者正是這個世紀裡熱銷也最競爭激烈的文類。一八八〇年，他發表了一首長詩；據他自己所說，這是翻譯自「朝覲者阿卜杜·亞茲迪的《蓋綏達》（the *Kasidah* of Haji Abdu El-Yezdi）」，作者居於波斯中部的沙漠城市亞茲德（此地至今仍是伊朗少數的瑣羅亞斯德教信仰中心之一）。

蓋綏達（kasidah，又作qasida）是一種前伊斯蘭時代的阿拉伯古典詩歌形式，格律十分嚴謹，傳統上會在開頭吟詠沙漠裡的營地。儘管這種形式在伊斯蘭教興起之前就有非常高的地位，但在伊斯蘭教初期，也就是西元八世紀之前才是它的全盛時期，甚至被某些人奉為詩歌藝術的最高傑作。往後的數百年裡，伊斯蘭世界又紛紛以土耳其語、烏爾都語（Urdu）、波斯語和阿拉伯語創作蓋綏達。波頓筆下這位「亞茲德的朝覲者阿卜杜」則醉心於「帶有懷疑論色彩的東方人道主義，亦即我們如今所說的科學思維」。正如許多人讀過以後的猜想，這位阿卜杜其實是位虛構人物。因為《蓋綏達》中雖然充滿伊斯蘭教蘇菲派（Sufism）的神祕主義精神，但也暗暗契合著達爾文的演化論，以及其他維多利亞時代的西方思想。身為

「譯者」，波頓為在注解中替朝覲者阿卜杜補充了一種天賦：

學習語言的技巧，讓他得以博覽天下書簡，包括漢語和古埃及語、希伯來語和敘利亞語、梵語和普拉克里特諸語、斯拉夫語甚至立陶宛語、拉丁語、希臘語和現代希臘語、他的母語波斯語、努比亞的方言柏柏語、學術界的古典阿拉伯語，以及贊德語和阿卡德語。他對「神學」和現代科學發現的地位也略知一二。

雖然說這位蘇菲派賢者的語言天賦聽起來跟波頓本人有點像，但他倒沒有欺騙讀者的意思。本書一開頭就告訴我們，阿卜杜「更喜歡自稱希治馬卡尼（El-Hichmakâni）……意思是『沒有官邸，沒有來處』」。波頓雖然只說這位朝覲者阿卜杜和他自己一樣，是個對國家或地方沒有強烈認同感的人（我敢說他會同意自己是個無根的世界主義者），但這段話顯然也暗示了這位亞茲德賢者是他自己的創作。

當然，《蓋綏達》一書所表達的觀點，對於傳統的穆斯林來說可不只是有點異端而已。比如詩中就有一段是這麼寫的：

沒有天堂，沒有地獄
那些都是乳兒的夢境

還有一節則是這麼寫的：

沒有美善，沒有醜惡
那些都是凡夫的妄想

這些話語聽起來不太像波斯的蘇菲派，倒像是尼采筆下的查拉圖斯特拉③——就一個土生土長的亞茲德人來說，這樣倒是恰如其分。不過關於作者，有一件事倒不是虛構：波頓曾經去過麥加朝聖，因此《蓋綏達》的作者確實是名朝覲者。

當然，歐洲世界主義的一大特徵，就是吸納他方的文學和藝術，以及對他方的生活充滿興趣，這點在啟蒙運動以後更是顯著。這呼應了我在前言中提到第二種世界主義：承認人類的差異，並認為我們可以從彼此的差異之中學習。比方說德國文豪歌德（Goethe），從一七八〇年代發表的《羅馬豔歌》（*Roman Elegies*）就開始流露這種思想，而他最後一部詩作《東西詩匯》（*West-östlicher Divan*），更是因為十四世紀波斯詩人哈菲茲（Hafiz）的啟發，才會在一八一九年成集（波頓爵士肯定會希望我告訴各位，哈菲茲是作品流傳最廣的蓋綏達詩人之一）。英國哲學家大衛・休謨（David Hume）也在十八世紀的愛丁堡翻遍旅人的故事，了解中國、波斯、土耳其和埃及的生活方式。時間往回推一點，在英吉利海峽的彼岸，也有波爾多的孟德斯鳩（Montesquieu），他在一七四八年於日內瓦匿名出版了《法意》，書中旁徵博引了從印尼到拉普蘭、從巴西到印度、從埃及到日本的掌故；而他早期的《波斯人信札》（*Persian Letters*），也是模仿穆斯林的口吻對法國大加諷刺。波頓筆下詩人的主要任務，顯然也是為波頓代言：阿卜杜是一名傾心科學的不可知論者，對世上的宗教了解頗豐，且對每個宗教都能公正地判斷。

所有信仰同樣虛假，也同樣真實：

---

③ 查拉圖斯特拉（Zarathustra）即瑣羅亞斯德（Zoroaster），前者為阿維斯陀語，後者為希臘語。

真理是破碎的鏡子散落成
無數的碎片；每個人都相信
手中碎片便是一切

波頓對世界各地的宗教、文學和習俗求知若渴，顯示出他深深著迷於人類創造力的遼闊，以及生活方式與思想的豐富。儘管他從不假裝出公平的態度，但廣博的知識確實帶給他不同的眼界，能夠從和他成長過程中所學相差甚遠的角度去看待整個世界。抱持世界主義的開放態度，與在探索中挑選鍾意的選項，是完全沒有衝突的。和波頓同時代的英國人有時會覺得，他對伊斯蘭教的敬意已經超過了他對自身基督教背景的敬意；儘管他的妻子深信他已經皈依天主教，但我認為傳記作家威廉．亨利．威爾金斯（W. H. Wilkins）在《伊莎貝爾．波頓夫人浪漫譚》（*The Romance of Isabel Lady Burton*）中所寫的，更接近真正的波頓爵士：「穆斯林中的穆斯林，摩門教徒中的摩門教徒，蘇菲行者中的蘇菲行者，天主教徒中的天主教徒。」[1]

波頓爵士繼承了一種流浪英雄的傳統。說到希臘英雄墨涅勞斯（Menelaus），他最著名的事蹟應該是妻子海倫被誘拐，引發了特洛伊戰爭。但荷馬也曾在《奧德賽》中提及他的流浪：

> 我流浪到賽普路斯、腓尼基和埃及，
> 我去過伊索比亞、西頓、埃潤包依，
> 還有利比亞，那裡的羊很快長角，
> 一年期間可以有三次的受孕期，
> 主人和睦人同樣一年到頭不欠缺
> 乳酪和肉品，也不缺香醇的鮮奶，
> 因為母羊常年源源不絕供應乳汁。[④2]

而在《伊里亞德》的時代過去幾百年後，希羅多德（Herodotus）也記載了呂底亞王克羅伊斯（Croesus）如何迎接睿智的梭倫（Solon）：「好吧，我的雅典朋友，我曾多次聽說

---

④《奧德賽》，呂健忠譯注（臺北：書林，二〇一八）。

你的智慧，以及你追求知識的足跡何其廣布。這使我忍不住想問你一個問題：你所見過最幸福的人是誰？」（梭倫在答覆中解釋：「沒有一個國家能夠生產需要的一切；無論它擁有什麼，都必然會缺乏一些東西。」）[3]希羅多德本人曾遠行至今天位於埃及南部尼羅河東岸的亞斯文，並稍稍為我們講述過麥羅埃的事；彼時距離這座城市的輝煌時期還有兩個世紀（當時的語言至今仍未破譯）。

儘管接觸了這麼多人類的信仰與習俗，旅人依舊很難揚棄自己出身的背景。波頓就是一個清楚的例子。其時沒有人像他那樣叛離維多利亞時代的風尚，卻也沒有人比他更能代表維多利亞時代。他仍然保有許多當時社會常見的種族偏見。比方說，他認為非洲人比阿拉伯人和大多數印度人都低等，而後兩者的地位又次於文明開化的歐洲人。《淘金於黃金海岸》（*To the Gold Coast for Gold*）一書記載了他從一八八一年十一月開始的西非之旅，並在第三章理所當然地談到「與黑人大量通婚」對葡萄牙馬德拉人血統的「污染」。[4]一八五八年，他在《布萊克伍德的愛丁堡雜誌》（*Blackwood's Edinburgh Magazine*）上提到自己的東非之旅時，也發表了類似的惱人說法：「黑人天生就喋喋不休」、「就連史瓦西里人有時也會說真話」、「瓦齊拉是個無賴，有著非洲人特有的一切狡詐」。接著，他對肯亞「蒙巴薩山丘上的瓦尼卡人或沙漠人」侃侃而談：「他們整個人都混成一團，結合了幼童的無能與老年的頑固。」至於他們的宗教，波頓也認為只是「將我們童年時空虛幻的恐懼粗暴地系統化」。[5]

他蔑視的也不只是黑人。說來怪哉，他既有著世界主義的精神，卻也對世人充滿厭唾。在《聖徒之城》（*The City of the Saints*）中，他描述了一八六〇年夏天橫越北美洲、穿過洛磯山脈，最後抵達加州的旅途，並在文中充分表達了對愛爾蘭人的敵意（「晚上九點到了『三十二哩溪』，我們很開心地發現已經聽不見愛爾蘭語了。」）；對法裔加拿大人的輕視（「一群奇怪的傢伙……對游手好閒格外沉迷。」）；對波尼族印第安人的不信任（「波尼人像非洲人一樣，會趁著客人睡著時割開他們的喉嚨。」）；以及對美國軍服的調侃（「各州都曾試圖整頓軍隊的服儀，但那就像要統一他們的政府形態，打一開始就不可能。」）然而，他也會以優雅的言詞為備受輕蔑的人辯護，比如《聖徒之城》中就有許多篇幅是在反駁「對摩門教的情緒性排斥」。[6]雖然上面舉了那麼多例子，但波頓的人生中其實沒什麼例子能看到他認真實踐我在前言中提到的第一種世界主義：認識到我們對每個人類都有責任。在波頓的著作中，我們一次又一次看見他錯過了出手干預，減少他人苦難的機會；他只是提筆記錄下來，有時還帶著幽默，很少顯露出憤怒。當他需要工人搬運行李，走進黑暗大陸時，他就毫無顧忌地購買奴隸。

對那些認為偏見只是源自無知、親近必定產生情誼的人來說，波頓是個難以忽略的反例。人們可以深入參與其他社會的生活方式，而不需要贊同，更不需要仿效。另外，雖然波頓的《蓋綏達》透露著維多利亞時代晚期普遍流行於受教育上層階級的靈性主義（spiritualism）[5]，但詩中「破碎的鏡子」這個意象，似乎也傳達著波頓長期接觸許多文化與地域的哲學與習俗後所得到的感想：片面的真理無處不在，而且伴隨許多錯誤，而全面的真理無處可尋——正如鏡子的每一個碎片，都從特定的角度映照出複雜真理的某一部分。他認為最大的錯誤，就是認為自己手中那面碎鏡能夠照出整體。

鏡子之外

如果滿足於這個結論，人生或許會變得更容易。我們只須承認洞見俯拾即是，而我們總會犯一些錯誤。但碰到要斷定真理的**當下**，這種觀念就幫不上忙了。而最常引起這種強烈分歧的情境，就是宗教習俗。因此接下來，我們就以波頓爵士著墨最多、最為著名的一種習俗為例。

大多數穆斯林認為，只要有資源的話，人的一生都應該要去麥加朝覲一次，這和誦經、祈禱、慈善、齋月，並列為伊斯蘭教的五功之一。每年前往麥加的穆斯林大約有一百五十萬人。但如果你不是穆斯林，你就不會認為穆罕默德是先知，也不太可能認為自己應該去朝覲。話說回來，麥加也不歡迎非穆斯林，因此，我們該做的或許就是遠離——在進入這座城市的收費站上，就寫著大大的「非穆斯林禁止入內」。

乍看之下，這個例子似乎意味著我們有什麼義務，取決於我們的立場為何。我同意你應該對你的配偶忠誠，但我不需要對你的配偶忠誠。（也最好不要！）有人可能會本著同樣的精神主張：「既然穆斯林應該去麥加朝覲，天主教徒也應該去望彌撒。」但事實上，如果你不是穆斯林，你多半不會誠心相信所有穆斯林都應該去一次麥加；而如果你是穆斯林，你大

⑤　一種當時流行的新型信仰，相信人的靈魂會在死後存在，且比物質世界更高級，來世是一種精神上的進化。靈性主義主要的信仰實踐包括降靈會、催眠和扶乩等等，《福爾摩斯》的作者柯南・道爾即是最有名的靈性主義信徒。

概也不會真心覺得誰有義務去望彌撒，就連天主教徒也沒有。另一方面，除非你是什麼放蕩主義者，或是一九六〇年代那場情愛自由實驗的孑遺物種，否則你多半會相信已婚人士應該信守對配偶的忠誠。

顯然，只有穆斯林才會認為他們應該去朝覲，也只有天主教徒會認為他們應該參加彌撒。但如果你不相信賦予這些行為特殊意義的信念，可能就會認為有這種想法是錯的。穆罕默德要麼是先知，要麼不是。《古蘭經》要麼是絕對的聖典，要麼不是。如果都不是，那穆斯林就錯了（換成天主教和彌撒也是一樣）。當然，你也可能認為每年有一群人去麥加朝覲不會造成什麼傷害。單純是他們認為這樣正確，而我們不這麼想而已。但我們也不覺得朝覲是錯的。基本上，我們都認為正直很重要，按照自己的信仰生活也很重要，而就朝覲或彌撒的例子來說，遵循良心的指引去這麼做也沒有什麼壞處，所以如果他們努力去完成信仰上的義務，或許也是一件好事。

然而這裡有一點要澄清的是，說穆斯林應該為了信仰去麥加朝覲，並不代表同意穆斯林的觀念。只是因為**他們**自己有去麥加的一套理由，而**我們**需要理由了解他們為何要去麥加。明辨這點的重要性在於，如果你告訴穆斯林：「你當然有理由去麥加，因為你相信你應該去。每個人應該遵循自己的良心，除非這樣做會造成傷害。」那任何一位有自尊的穆斯林，都不會認為你了解，更不要說是敬重他們朝覲的理由了。因為穆斯林不會這樣看待自己的信仰；他們相信自己應該去麥加，是因為真主在《古蘭經》上明白要求，但你根本不相信這個要求。

不過，我們就算不解決這種分歧，也可以和平相處。我未必同意天主教徒或穆斯林的神學觀點，但我可以（我真的可以！）對他們非常友好。我沒有理由厭惡去麥加朝覲的人，就像我沒有理由嫉妒去蘇格蘭打高爾夫球，或是去米蘭聽歌劇的人。我不會做這種事，但你不用顧慮我，開心最重要。

儘管如此，並不是每個人都認同這種和平共存的態度：有些人認為崇拜真神以外的任何事物都是偶像崇拜，是對神聖律法的冒犯；也有一些基督徒認為安拉不是亞伯拉罕、以撒、雅各與後世基督徒所信奉的上帝。有些穆斯林（和基督教一位論者（Unitarian））擔心，三位一體的信仰是否符合教義中信奉唯一真神的旨意。這種可能性也提醒了我們第二種分歧。

當然，宗教習俗有時也會嚇到我們，因為這些習俗在道德上並非無關緊要，而是實實在在犯了錯。比如說，讀著本書的你就不太可能認為，對通姦的正確反應是將當事人送上宗教法庭，一旦他們被定罪，就聚集群眾丟石頭砸死他們。這種用石頭把人砸死的作法，無疑會讓你我震驚（而且很多穆斯林也是如此）。但當今世上，仍有許多人認為這是伊斯蘭教法所要求的。或者拿我們常說的「女陰殘割」（female circumcision）為例，波頓記錄了許多阿拉伯和東非族群都有這種習俗（他聲稱，這些人認為女性的性欲比男性強得多），而且這種作法在如今在許多地區依舊盛行。我們基本上也不會贊同這種事。這樣的分歧在同一個社會內部很常見。比如妳正在考慮墮胎，而且認為這在道德上完全沒有問題，但我認為妳會殺死一個無辜的生命，我不可能只說：「好吧，妳繼續。」對吧？

人們一直想找到一本規則書，告訴我們如何仲裁這類衝突——前提是你要同意裡面的內容。而且就算你同意，也沒有好理由主張徹底施行其內容；原因我稍後會再探討。因此就有了一個長久以來都很誘人的權宜觀點：也許，就算我們對一切客觀事實都有共識，從我的角度來看符合道德的作為，和從你的角度來看符合道德的作為，終究還是會有所分歧。波頓精通三十九種語言，對於打入不同的文化有著不可思議的天賦，並一次又一次達成我們所推崇的「入境隨俗」。但其實我們大多數的人都有這種才能，只是沒那麼出類拔萃——我們很容易能感受到自己不完全認同的價值觀有何魅力。因此，或許道德這件事並沒有唯一的真理。

如果是這樣，就沒有所謂破碎的鏡子，而是有很多的鏡子、很多的道德真理，我們最多只能承認這些不同。這讓我想到波頓筆下朝覲者阿卜杜的話：

沒有美善，沒有醜惡；
那些都是凡夫的妄想

但真的是如此嗎？

第二章

逃離實證主義

◎ 專業的相對主義

◎ 價值的流徙

◎ 實證主義的問題

◎ 重申價值的分量

專業的相對主義

文化人類學家說白了，就是外族文化的狂熱愛好者。畢竟文化人類學就是幹這個的。不久以前，收音機還沒讓每個人都聽見遠方的聲音，麥可．傑克森猶未在內蒙古大草原上成名，球王比利也尚未聞名剛果河的沿岸，彼時的人類學家就已經從歐洲和北美出發，尋訪以往從未見過「白人」的地方。在每一本民族誌提筆之前，在每一個初次接觸的時刻，每一位人類學家面對的都是完全陌生的人。他們所信的眾神，他們所吃的食物，他們所說的語言，他們的舞蹈、音樂、雕刻、藥物，他們的家庭生活，他們的和平與戰爭儀式，他們的笑話，乃至於他們的兒童故事，一切都可能陌生得令人驚奇著迷。民族誌學者在雨林、沙漠或苔原上，度過了漫長的白日和艱難的黑夜，抵抗著高燒與凍瘡，忍受著孤獨，並試著理解那些理所當然也對他們困惑不解的人。在從「文明世界」消失了一、兩年後，他們又會帶著這些陌生人的故事，以及即將成為博物館收藏的陶器、雕刻品或武器回來，並告訴家鄉的同胞，兩個文化之間是如何彼此適應。

為了讓這一切顯得有價值，這些故事必須寫成新聞。因此，民族誌學家當然不會用一句話「他們和我們很像」，就概括自己的研究。雖然事實就是如此。畢竟，他們幾乎也都有眾神、食物、語言、舞蹈、音樂、雕刻、藥物、家庭生活、儀式、笑話和兒童故事。他們會微笑，會睡覺，會做愛生子，會哀慟流淚，而在人生的最後，他們也會死去。儘管人類學家對這些社會來說完全是陌生人，但他畢竟是一個人類同胞，也有可能愈來愈熟悉他們的語言、宗教、習俗；差別只在這些社會的成員花了數十年，而人類學家只有一、兩年的時間。如果人與人之間沒有這種相似之處，文化人類學怎麼可能進行？

讀到這裡你可能會以為，既然人類學家的生活來自於對其他民族的求知欲，他們必定是世界主義者。但其實沒有。雖然他們確實不可避免地，對陌生群體抱有一種世界主義般的好奇心，但許多人類學家不相信普世道德的主張，並花了許多時間敦促我們不要干涉其他社會的生活；要說他們真認為我們對其他民族有什麼責任，那就是任他們過自己的生活。

人類學家對干涉的強烈質疑，有部分的原因是歷史。過去有許多立意良善的干涉都破壞了當地人原有的生活方式，卻沒有以更好的新生活取而代之；當然，還有更多干涉根本不是出於好意。歷史上的無數帝國，從古代的波斯、馬其頓、羅馬、匈奴，中古的蒙古、蒙兀兒、鄂圖曼，再到近代的荷蘭、法國、英國、美國，都帶來了許多稱不上美好的時刻。但除此之外，人類學家還有其他理由。我們眼中的「失敗」，對於曾經在這些社會生活的民族誌學者來說，往往都有極大的意義。再怎麼說，民族誌學者都曾經親自去了解「他的」社會。法國人有句老話「理解一切就是寬容一切」（Tout comprendre, c'est tout pardonner），雖然這句話的毛病很多，但也確實洞察到一種人類與生俱來的傾向：一旦我們理解，往往就願意寬容。因此，人類學家如果細究，可能會發現許多外部干涉都是因為無知淺學。比如女陰殘割，或是許多人類學家傾向講的「女性生殖器切割」，在我們看來是一種可憎的殘害，剝奪了女性在性經驗中的所有快感。但人類學家知道當地的年輕女性期待這個儀式，認為這可以展現自己的勇氣，還讓她們的性器官更加美麗，並堅稱自己非常享受性。他們會指出，從紋身和耳環（現在還有舌環、鼻環和臍環），乃至於男性的割禮、鼻子整形和隆乳，我們的社會也鼓勵人們修改自己的身體，並且每一種修改都同樣有一定的醫療風險。他們會指出，和女性生殖器切割有相關的醫療風險，比如疤痕、導致不孕的感染、致命的敗血症等等，都被過度誇大了；這些數據很可能只是在合理化人們對陌生習俗的厭惡。人類學家相信，比起我們，他們擺脫了背景的偏見，而其中一個理由，就是他們受過田野調查的學術訓練，曾與和陌生人親近地一同生活。他們之中有許多人都傾向認為，「對」與「錯」等詞彙只在特定的習俗、傳統或文化裡才有意義。

當然，「道德主張只是反映地方偏好」的懷疑早已存在多時。在希羅多德《歷史》的第三卷中，就提到了波斯王大流士：

這位波斯之王召集了恰好到訪他宮廷的希臘人，詢問要付多少錢才能讓他們吃掉自己父親的遺體。希臘人們答道，再多的錢都不會讓他們這麼做。稍後，當這些希臘人在場時，大流士找來一名翻譯，以便讓他們能夠理解接下來問題，並詢問一些卡拉提亞（Callatiae）部落的印度人，要付多少錢才願意燒掉他們本應吃掉的父母遺體。他們發出驚恐的哀號，不准他再提如此可怕的事。由此可見風俗的作用；在我看來，品達（Pindar）稱其為「萬王之王」恰如其分。[1]

托爾斯泰也有個故事，是關於一位名叫哈吉．穆拉特（Hadji Murat）的車臣軍閥，他向一位俄羅斯軍官講述了車臣的一句傳統諺語：「狗邀驢子吃飯盛上了肉，驢子邀狗吃飯盛上了草，最後兩邊都餓了。」他笑了笑，又說：「每個人都有適合自己的路。」[2]

當然，這些民族誌學者的偏心，確實能讓我們反思自己的憎厭與禁忌。人類學家孫末楠（William G. Sumner）在一九〇六年的經典著作《民俗》（*Folkways*）中，講述了亞馬遜地區米蘭哈斯部落（Miranhas）一位酋長的故事。這位酋長很困惑歐洲人為何憎厭食人行為：「這都是習慣的問題。如果我今天殺了一個敵人，與其白白浪費，還不如把他吃掉。大獵物很少見，因為牠們不會像海龜那樣產卵。被吃掉並不壞，壞的是死亡。」[3]但發明「種族中心主義」（ethnocentrism）一詞的孫末楠寫下這段話，並不是要鼓勵吃人。不過他顯然對酋長的說法有所共鳴：肥人瘦牛，各有所好（chacun à son goût）。

或者用波頓虛構的蘇菲行者之語來說就是：

於我有益的，我就稱「好」，
於我有損的，我就稱「壞」：
隨地而改，隨人而易；
且當最漫長的時間過去，
每個惡德都贏得了美德的桂冠；

美善也都淪為受禁的罪與惡

然而，現代的相對主義學說，也就是文化人類學家常贊同的道德標準，已經超過了古時候懷疑論傳統。相對主義的懷疑無處不在，把我們所知對與錯，都變成了單純的各地習俗；而且在現代，這種懷疑已經膠固成科學式的篤定，將有關客觀道德「真理」的討論，都打成概念性的錯誤。

價值的流徙

現代相對主義的基礎是一種科學化的世界觀，這種世界觀嚴格區分了**事實**與**價值**。凱恩斯（John Maynard Keynes）曾說，但凡聲稱自己只是在談論常識的人，莫不是被老舊的理論所束縛。如今事實與價值之間的區別已然成為常識，但這背後的哲學理論，至少可以追溯到啟蒙運動的早期。有些人將其濫觴歸於十八世紀的蘇格蘭哲學家休謨，我在前一章也提到了他和世界上各種人類社會的接觸。但我猜休謨可能不會認同這種世界觀（他或許也算不上其發明者）；然而，有一種流行於二十世紀的哲學運動，叫作「邏輯實證主義」（logical positivism），確實和這種世界觀非常相似，所以我稱之為「實證主義」（Positivism）。我花了一點時間來整理實證主義的全貌，不過以下所述會是簡化後的最終版本。

勾勒一種哲學立場的輪廓從來都不容易，要讓聲稱支持該立場的人滿意就更加困難。因此，在開始之前我先澄清，無論某個哲學家的觀點影響有多深遠，都不是我要描繪的重點；我要描繪是過去幾百年間，由許多西方哲學家闡述的世界觀，這種世界觀已經在我們文明的教育中生根成為常識，讓人們很難意識到它只是一種想像，而非理所當然的真理。當然，如果想像不會妨礙我們理解世界，那倒也無妨。然而我們即將看到，實證主義的世界想像真的會造成妨礙，特別是當它讓我們高估某些理解其他文化的障礙，又低估別的障礙時，就常常會妨礙世界主義的願景。

實證主義認為，人的行為是由兩種南轅北轍的心理狀態所驅動。一是信念（Belief），反映了世界「實際上」是如何。二是欲望（Desire），反映了我們「希望它」變得如何。哲學家伊麗莎白．安斯康姆（Elizabeth Anscombe）認為，信念和欲望有不同的「契合方向」（directions of fit）：信念的方向是與世界相合，而欲望的方向是令世界與之相合。因此，信念可以正確，可以錯誤，可以合理，也可以不合理。而欲望只有滿足與不滿足之分。

信念的形成應當有證據作為基礎，並且有一些推論原則可以決定基於什麼證據相信哪些東西才符合理性。而欲望就只是有關我們的事實。說起來在早期的哲學語言中，欲望也叫作「激情」（passion）；不過在當時學術界用的拉丁文裡，「passion」的意思是勞苦或重擔（如今耶穌基督的受難仍然叫作「the Passion of Christ」）。這是因為激情與欲望都是只發生我們自己身上的事情，沒有證據可以評判哪些是對的。所有欲望基本上都是喜好的問題，而這種事就如古人所言：「物各有所好，違之傷自然。」我們在採取行動時，我們會靠著自己對世界的信念，思考如何獲得我們欲望的東西。休謨那句名言「理性是，而且應當是熱情的奴隸」，說的正是這個。如果我們想要蘋果，我們就會前往信念中蘋果所在的地方。一旦我們前去尋找想要的蘋果，就能確認自己的信念是否正確。

由於信念是關於外在世界，而外在世界只有一個，所以信念可能對、也可能錯，我們也能批評別人的信念不合理，或是完全錯誤。但從這個觀念來看，欲望就不可能有對錯之分。因為欲望不是世界的鏡像；欲望的目的是改變世界，而不是反映世界原本的面貌。

但這件事並沒有這麼單純，因為很多我們日常的欲望都可以說是內建了各種信念。比方說我跟你一樣想要錢，但這是因為錢可以讓我獲得想要的東西。如果我不相信錢可以讓我獲得想要的東西，我就不會想要錢了。所以我對金錢的欲望（請諒解我不想將之稱為激情）是**有條件的**；如果我生活在末日後的世界，發現金錢不僅買不到愛情（像在披頭四的歌裡唱的那樣），也根本買不到其他東西，那麼我對金錢的欲望就會消失。既然欲望是有條件的，那只要批評欲望中潛在的信念，就可以理性地批評欲望。比方說我想吃蘋果，而你告訴我：「你對蘋果過敏，吃下去會生病。」我卻回答說：「我不介意生病，我只想嘗嘗蘋果的美味。」你告訴我：「這顆蘋果沒那麼好吃。」我則回答你：「那什麼東西跟蘋果一樣美味？」你說：「只有一種，但它會害死你。」我則說：「沒關係，這樣也好。我可以在幸福中死去。」這世上似乎沒有什麼可以阻止我想要品嘗蘋果的滋味。根據實證主義的觀點，批評欲望唯一的方式，就是像這樣批評其中預設的信念。要是從欲望的描述中刪除那些條件，剩下的就是我們所謂的「**基本欲望**」（basic desire），而基本欲望**不是**以世界如何的假設為基礎，所以不能批評當事人對世界有誤解。因此實證主義的基本觀點依然沒有受到挑戰。

休謨曾寫過一段著名的文字，區分了如何判斷事物的實然（is）與應然（ought）。規範性判斷討論的是關於人們應該怎麼想、怎麼做，以及怎麼感受。而實證主義的觀點常被認為符合休謨的理論，這有部分是因為休謨堅持「實然」與「應然」之間區分的「重要性非常大」[①]。就像欲望一樣，「**應然**」本質上是行為的指南，但某種程度上又並非如此。用一句耳熟能詳的話來說，就是「實然推導不出應然」。但人類卻經常試圖從實然推導出應然，而這種舉動和許多哲學家認為不正當的舉動一樣，有個貶義性的名字，叫作「**自然主義謬誤**」（**naturalistic fallacy**）。

描繪人類如何行事的關鍵，是區分信念和欲望在人類行為中的作用。欲望——或者準確一點說，基本欲望——為我們設定目標；信念則為我們列舉實現目標的方法。由於欲望沒有對錯之分，所以只能批評人們採取的手段，不能批評他們的目標。最後，實證主義者還認為信念所指涉的事實就等於真理。如果你相信某件事，那件事又確實那樣發生，那麼你所相信的就是真理。

如果這就是實證主義所認為的事實，那價值又是什麼呢？嚴格來說，實證主義者認為價值並不存在。至少不存在於這個世界。奧地利哲學家維根斯坦（Ludwig Wittgenstein）年

---

①《人性論》（*Treatise of Human Nature*）3.1.1。

輕時曾說：「世界是由事實組成的整體。」畢竟，世界上有誰見過「價值」嗎？另一名哲學家約翰·萊斯利·麥基（John L. Mackie）也曾指出，價值若是真的存在，一定是非常奇怪的實體（entity）（他原本用的形容詞是「怪異」（Queer）：他認為這世界實際上並不存在任何價值，並稱價值是「怪異的主張」）。世界可以強迫我們相信某些事，因為就算我們不相信，這些事實也會擋住我們的去路。但現實不能強迫我們去欲望任何事。而誰能在現實世界中，找到基本欲望的錯誤之處？科學能夠證明嗎？不，科學或許能解釋你為什麼會欲望某個東西，卻無法解釋你應不應該欲望它。

你可能會想，如果說討論價值，實際上就是一種討論某些欲望的方式。那具體來說是哪些欲望？這個嘛，當我們在跟他人討論時談起所謂的普世價值，比如藝術、民主或哲學的價值時，我們討論的，是我們希望每個人都想要的東西。如果接觸藝術有價值，我們基本上就會希望每個人都想要體驗藝術。如果民主有價值，我們基本上也希望每個人都想要生活在民主社會。換成公式一點的說法，「相信X有價值」就是「希望每個人都想要X」；但實際上，這也只是一種討論複雜欲望的方式。不過，某些價值仍然是基於特定事實存在的。比如我認為全民接種天花疫苗有價值，是因為我想讓每個人過得更安全；但當我知道天花已經根除時，我就會放棄這個「價值」。然而，如果有一種價值代表了無條件的欲望，那麼既然這種基本欲望無從批評，代表這種欲望的價值自然也無從批評。我認為仁慈很有價值，因此我想要成為仁慈的人，我希望自己想要成為仁慈的人，也希望每個人都想要成為仁慈的人。說實話，我還希望你希望每個人都想要成為仁慈的人。但事實上，我並不想要這樣，因為我認為這些仁慈加起來會變質成完全不一樣的東西。我認為仁慈的價值是本質性的、沒有條件的。即使你告訴我，有些仁慈的行為會造成我不想要的結果，但這並不能說服我放棄相信仁慈的價值，只會讓我知道，仁慈有時會跟其他我在乎的事情產生矛盾。

也許每個人都有這樣的基本欲望。因此，或許有些東西是每個人都認為有價值的。這樣的價值就有經驗上（empirically）的普世性。儘管如此，從實證主義的觀點來看，這些價值依然沒有合理的基礎。

以上的描述稍嫌簡略，但如果能讓你稍微理解這種在過去兩個半世紀裡，幾乎主導西方的哲學思想，應該看得出這種思考方式對我們的常識造成了多少影響。首先，事情分成事實與價值。沒錯。與價值不同，事實能夠決定信念正確與否，而且事實屬於現實世界，科學家可以研究，我們也可以用自己的感官探索。沒錯。因此，如果他方的人和我們有不同的基本欲望，因此對價值有不同的評估，那就不是我們可以合理批評的事情。我們也無法訴諸理性糾正他們。沒錯。如果訴諸理性無法糾正他們，那麼想要改變他們的想法，就必須訴諸理性之外的東西：也就是說，訴諸無法以理性檢視的東西。這樣一來，除了相對主義之外，我們似乎沒有別的基本價值可以選了。完全正確。

我不知道你覺得實證主義對人性的推論有多合理，但它確實吸引了許多研究其他文化的人。這也是為什麼人類學巨匠梅爾維爾．赫斯科維茨（Melville Herskovits）曾寫道：「除了擲骰子，根本沒有辦法能對其他文化做出判斷。」[4]然而，這句話卻隱含著絕大多數人不會贊同的主張。假設有個虐待狂希望每個人都想折磨無辜的他人，我們應該可以說，他認為造成無端的痛苦很有價值。但我們也會認為他錯了。那麼，我們真的要接受實證主義的觀點，相信我們的判斷只是反映我們的欲望，就像那位虐待狂的判斷只是反映他的欲望一樣嗎？

實證主義的問題

針對實證主義的批評也有各種路數。一種姑且說是繼續正面進攻，指出很多事實無法親見，很多信念也沒有證據（至少沒有來自經驗，來自眼觀、耳聞、鼻嗅、舌嘗、身觸的證據）。如果每一個對的信念都對應一個事實，那麼一加一等於二應該也是一個事實，那這個事實又在哪裡？又有什麼證據能證明，單身漢一定未婚呢？無論你發現有多少未婚的單身漢，都不表示單身漢一定未婚。另外，據我所知，從來沒有人發現一棵松樹正好長著五十七顆毬果，顆顆漆成紫色與金色。但也沒人相信不可能有這麼一棵樹。再者，誰又能否認，每個人都像蘇格拉底一樣會死？然而誰又找得到這個事實？

簡而言之，實證主義的世界觀，似乎完全是靠眼、耳、鼻、舌、身、意觀察具體的事物，然後總結相關的信念而來。但有關普世性（涉及全人類）、有關可能與否（已婚單身漢）以及有關空想物（金色與紫色毬果的松樹）的信念，又要怎麼辦？實證主義似乎暗示，如果我們回答不出「這個事實在哪裡？」或滿足「拿出證據」的要求，相關的真實信念就不可能存在。實證主義者聲稱，每一個真實信念都能對應到現實世界「存在」的事實。但如果是這樣，我們就不只要放棄有關價值的信念，還得放棄有關可能性、數字、普世真理，甚至更多事的信念。現在，這個乍聽之下合理的理論，是不是顯得代價高昂了？雖然實證主義並不是沒有關於數字、普世性與可能性的理論。只是如果你對不同類型的真理，都要提出不同的論述，那「真理必定對應到可觀察的事實」一說，聽起來就沒那麼有力了。

除了這點，實證主義還有另一個根本難題：它認為你可以批評信念和行為不合理。問題來了，「不合理」這件事難道算是事實嗎？如果是的話，那麼在前面虐待狂的例子裡，實證主義者要我們拿出「他的信念有錯」所對應的事實，我們是不是也可以要他們拿出「不合理」所對應的事實？比如說，「相信眼裡綠色的東西其實是紅色」不合理，但這個不合理的事實在哪裡？又有什麼證據能支持他們宣稱，「相信眼裡紅色的東西其實是綠色」不合理？如果有人認為這樣很合理，那麼當我們拿出一個紅色的東西並說它是紅色，也不太可能說服這個人。這些問題對實證主義者來說，就跟他們向我們提出的問題一樣難回答。

但如果認為某些信念不合理並非事實，那麼它大概就是一種價值觀（而實證主義者認為這只是一種選項）。也就是說，當你認為「相信眼裡綠色的東西其實是紅色」不合理，代表只是你希望每個人都不想相信「眼裡綠色的東西其實是紅色」。而如果這是一種基本價值，就無法批判檢視了。對於提出這種荒謬斷言的人，實證主義者完全無法提出理性的反駁。但認為「眼裡紅色的東西其實是綠色」的人，肯定不只是在追求一種別有價值的「另類生活方式」。不，他們不該這麼相信，這樣一點都不理性。

此外，從實證主義的信條，也不能直接連結到相對主義的建議，宣稱我們不應該以自己的價值觀干涉其他社會。因為按照實證主義，「認為某個東西有價值」講得粗暴一點，就是希望每個人都想要它。如果是這樣的話，那麼價值觀在某種程度上天生就是一種帝國主義。因此，拿著實證主義呼籲要對其他文化保持寬容，似乎根本就是自相矛盾的策略。如果一個人相信所有的基本價值都不合理，他到底要怎麼主張，每個人選擇的基本價值都應該受到包容？實證主義不會鼓勵干涉，但也沒有鼓勵不干涉。（有些人可能會想到一個印度殖民時代的老故事：印度男子告訴想要阻止娑提儀式的英國軍官：「我們的習俗是在火葬堆上燒死寡婦。」軍官聽了駁斥道：「而我們的習俗是將殺人犯處決。」）

「判斷是主觀的」這句話有兩種意思，而有些相對主義者往往混淆了這兩者。「道德判斷只是在表達欲望」的觀點，代表道德判斷在某種意義上是主觀的：你會同意哪些道德判斷，取決於你有哪些欲望，而欲望是專屬於你的。但就這層意義上來說，事實判斷也是主觀的：你會接受什麼事實判斷，取決於你有什麼信念，而信念同樣是專屬於你的。既然「判斷是主觀的」是這個意思，那就無法推導出「人有資格做出任何自己喜歡的判斷」。而且從「判斷是主觀的」推導出「人有資格做出任何自己喜歡的判斷」，其實就是從「實然」推導出「應然」，這是足以把休謨氣到跳出墳墓的自然主義謬誤。因此，即使按照實證主義的觀點，也無法以「價值判斷是主觀的」為黑白不分的包容辯護。因為包容也只是一種價值。

重申價值的分量

那麼，有沒有什麼主張，可以替代實證主義對價值的觀點？價值是我們行為、想法和感受的依歸，我們所做的一切都反映著心底的價值觀。正是因為你懂得偉大藝術的價值，才會參觀博物館、走進音樂廳以及翻開書本。也只有當你了解到禮貌的價值，才會試著去認識你身處的每個社會有何習俗，以避免冒犯他人。你會做這些事，是因為你回應了心中指引自己的價值。此外，價值觀也會塑造思想和感受。所謂真理和理由，都是你所認可的價值，它們會塑造（但不是決定）你的信念。你能從西非阿肯人的諺語、王爾德的戲劇、松尾芭蕉的俳句和尼采的哲學得到樂趣，是因為你以世界主義者的直覺，回應了內心喜愛優雅言詞的價值。對妙語的的喜好，不僅引導你走向這些作品，也影響了你讀過以後的反應。同樣地，如果你認為仁慈很有價值，你就會欣賞和善的人，難以忍受粗率的傢伙。而根據實證主義，如果你認為仁慈是一種普世價值，你就會希望每個人都想變得仁慈。而且你不只會希望別人同意你的觀點，你也會希望他們想要每個人都希望每個人變得仁慈。不過也許實證主義在這方面也說錯了。或許你希望人們想要彼此仁慈，只是因為你了解仁慈的價值。你希望人們同意你的觀點，只是因為同意你的人會很仁慈，並且會鼓勵他人仁慈。其他你認為是普世價值、是人類基本善福（basic human good）[2]的一切也是一樣。重視這些價值是一種判斷，代表你認為每個人在特定的情境裡，都有充分的理由從事、思考或感受特定的事情，也有理由鼓勵別人從事、思考或感受這些。

但話說回來，人們又怎麼知道仁慈是好事的？是因為受到了仁慈的對待，並注意到自己喜歡被這麼對待嗎？還是厭惡自己受到的殘酷對待？兩者聽起來都不太對，因為仁慈不像巧克力那樣需要親身嘗試才能判斷喜歡與否。相反地，「仁慈是一件好事」，似乎就是「仁慈」這個概念的一部分。了解什麼是仁慈，意味著你也了解仁慈是一件好事。如果有人不認為仁慈是好事、殘酷是壞事，我們大概會懷疑他並未真正了解仁慈與殘酷。「仁慈」這個概念本

---

②「good」同時有幸福與美德的意義。

身就充滿價值，足以指引我們的行動。

實證主義者一定會問：那我們要拿那些相信殘酷是好事的人怎麼辦？我認為正確的答案是，我們怎麼對待那些「指紅為綠」的人，就該怎麼對待這些人。面對真心認為殘酷很棒的虐待狂，實證主義者的選擇也和我們一樣：改變虐待狂的想法、別靠近他、讓他遠離我們。

但這種根本性的分歧其實很罕見。你可能從來不曾遇到有誰真心表示，他相信可以虐待無辜的一般人類。確實，有些人相信可以虐待動物，有些人認為對付歹人可以使用殘忍的手段。也有人並未意識到自己的作為很殘忍，或是相信出於其他考量，殘忍的行為有其道理。還有許多人相信為了弄清楚恐怖分子的陰謀，刑求是必要之惡。但必要之惡顧名思義，是為了更重大的善。用這些理由替特定的殘忍行為辯護，意味著你同意阻止殘忍的行為有其價值。

不過，實證主義最深層的問題並不在結論，而在基本假設。如果要讓實證主義對於價值觀的說法聽來可信，就必須先假設有一個人無所牽掛，可以完全憑一己信念和欲望行事。接著，實證主義者要從「有什麼值得這個無所牽掛的人重視」開始，描述什麼是價值。然而要了解價值如何運作，就得先察覺一件事：價值不是獨立個體的指引，而是人們在與他人共同自己生活時的指引。

哲學家希拉瑞・普特南（Hilary Putnam）有句名言：「意義不只存在頭腦中。」即使你分不出榆樹和山毛櫸，也還是可以使用「榆樹」這個詞；就算你不太知道怎麼解釋電子，也還是可以使用「電子」這個詞。而你可以使用這些詞語，並透過它們表達某種涵義，是因為你所在的語言社群裡，還有其他人確實具備相關的專業知識。這些人有的是專精電子的物理學家，有些是對榆樹瞭若指掌的博物學家。我們怎麼使用這些指涉事實的詞語，是由外在的社會環境決定，因此我說的話是什麼意思，也不單是由我腦中的想法決定。

同樣地，如果我們相信道德語彙[③]是專屬於某個無所牽掛的個體，思考與討論就會誤入歧途了。如果意義不只存在於頭腦中，那麼道德也不會只屬於個人。仁慈和殘酷的概念體現了一種社會共識。如果有個人相信仁慈是壞事、殘忍是好事，他的行為就會像路易斯・卡羅（Lewis Carroll）在《愛麗絲鏡中奇遇》裡描寫的蛋頭先生那樣；對他來說，一個詞的意思「恰好就是我挑選的意思——既不多，也不少」。價值觀的語言終究也是語言，而現代哲學

---

③ 語彙（vocabulary）在本書中係指一組用於相同領域的詞彙集合。

對語言的思索中最重要的洞見便是，語言究其根本是屬於所有人的，是由我們所共享的。評價性的語言，就跟所有語彙一樣，主要是讓我們用來互相交談的，而不是拿來自言自語的。而如果有個人主要是用語言來自說自話，我們就會叫他什麼？**瘋子**。

有關價值的語言，是我們協調彼此生活的主要方式之一。當我們想要凝聚彼此的力量時，我們就會訴諸價值。比如說，我們在討論一部電影時，你告訴我：「這部片對人性的看法很憤世嫉俗欸。」這時，你就不僅是在邀請我接受有關電影人物形象和動機的事實，也是在嘗試塑造我的感受。如果我同意你的看法，可能就會抗拒自己最直接的情緒反應，例如對某些角色的感同身受。如果我堅持自己的感受，我可能就會想抗拒你的描述。我可能會說：「才沒有憤世嫉俗咧；雖然它很悲觀，但也非常有人味。」**憤世嫉俗**、**人性**、**悲觀**，這些都是價值語彙的一部分，而它們的用途正如我所說，是要塑造我們的反應。

可能有人會問，我們為什麼要在乎其他人對故事的看法和感受？為什麼我們要用價值的語言來討論？答案之一是，這就是人性。每個文化中的人都會講述故事，也會討論故事，我們都知道打從有歷史以來，人們就一直這樣做。從《伊利亞德》、《奧德賽》到《吉爾伽美什史詩》，從《源氏物語》到我在阿散蒂從小聽到大的阿南西（Ananse）神話[4]，人們都不只是閱讀和吟詠故事，更會不斷在日常生活中討論、探索，甚至引用來評斷各種大小事。如果一個社會沒有故事，如果一個社會的人沒有敘事想像力，我們就不會覺得他們是人類。因此，關於我們為什麼要這樣做，其中一個答案是：這就是人類會做的事。

但更深層的原因是，一起討論故事，最有助於我們學習如何協調每個人回應世界的方法。而協調回應世界的方法，是維持社會結構和關係網絡的方式之一。二〇〇四年的阿富汗電影《少女奧薩瑪》講述了少女在塔利班統治下的生活，讓我們看見年長與年幼的女性如何被逐出公領域，躲藏在陰影之中，而這一切都是因為殘忍好殺、狂信入魔的教士想要將他們所謂出自教義的性別觀強加於人。這部片也讓我們看見人才如何被糟蹋：主角奧薩瑪的母親是一名醫生，卻無法行醫。但片中也呈現出，有的女性會設法做出小小的抵抗，而男性想幫助她們，也得鼓起十二分勇氣欺瞞塔利班。最後，當我們看見奧薩瑪被交給一個老朽的教士，成為他最新一位不甘的妻子時，我們也會意識到，壓迫之所以能持續，是因為在有人受

④　西非阿散蒂神話中的文化英雄和搗蛋鬼（Trickster），有蜘蛛和人類兩種面貌，亦被視為歌唱、欺騙與偷盜之神，將煉鐵與耕種等知識從天神手中偷到人間，其地位可與希臘神話的荷米斯、北美神話的郊狼相比。

苦的同時，也有人得利。正如蕭伯納（George Bernard Shaw）辛辣的觀察：「劫彼得以賂保羅」的政策再怎麼差勁，起碼也能拉攏到保羅的大力支持。

當我們互相討論，我們對這部電影的反應，就會強化我們共同的認知、確認我們共享的價值。**殘忍**、**糟蹋**、**勇氣**、**欺瞞**、**壓迫**都是有關價值的字眼，能夠塑造人們對電影的反應。而如果電影講述的故事真的呈現了某種現實，那這些討論就不只會影響我們對角色的感受，還會影響我們決定在現實世界中如何行動。討論《奧薩瑪》可以幫助我們思考，世界上這麼多國家結盟推翻塔利班政權是否正確；也能幫助我們思考其他類型的壓迫、其他需要勇氣的地方，以及其他受到糟蹋的機會。討論還能打磨我們用於評價的語言，讓這些語彙在生活中繼續發揮作用。而它們最重要的作用，正如我先前所說，是我們共同行動。

你可以繼續像現代實證主義者一樣使用「理性」、「理由」、「推論」之類的字眼，只不過在他們的用法裡，這些詞彙代表的是「計算」、「運算」之類的意思。所以嚴格來說，用實證主義者的方式交談，並不能算是一起用理由來推論。但在我們一般人講的語言裡，所謂「給一個理由」，指的就是嘗試使用價值語言，在對話中形塑彼此的想法、感受與行為。

民間譚、劇作、戲曲、小說、傳奇、傳記、史書、民族誌；虛構與非虛構文學；繪畫、音樂、雕塑和舞蹈，人類的每一種文明，都有辦法向我們揭示過去所不知道的價值，或是顛覆我們深信許久的價值。有了各種價值詞彙，加上共通的價值語言，我們通常就可以憑著世界主義的精神，彼此引導出一致的反應；而當我們無法找到交集，知道形塑我們反應的詞語是來自同一組語彙，也能讓我們更容易接受彼此缺乏交集。這些都是人類生活的一部分真理，但實證主義卻讓我們很難看得真切。

如果倫理和道德相對主義是真的，那麼，我們在很多討論的末尾，都必須說：「從我的立場來看，我是對的；從你的立場來看，你是對的。」然後就沒什麼好討論了。因為從自己獨有的角度來看，那每個人都是生活在不同的世界。沒有共同的世界，討論又有什麼意義？人們推崇相對主義，往往是以為這樣能帶來寬容。但如果我們不能互相學習什麼是正確的思考、感受和行為，那麼人與人之間的對話就毫無意義。這樣的相對主義並沒有鼓勵對話，反而讓人們有理由緘默。

第三章

真正的事實

◎ 與萬靈同行

◎ 說服阿科蘇亞

◎ 杜漢的發現

與萬靈同行

很多年前的一個深夜裡，我在迦納的家裡和父親一起看電視。每天收播時，迦納廣播公司都會演奏國歌。我爸很喜歡這種頌歌類的音樂，於是他像平常那樣跟著唱起：「上帝保佑我們家園，迦納……。」等到國歌奏畢，畫面換成檢驗圖，他才轉頭看著我，說他很高興政府已經把獨立時的國歌，改成了我在小學學到的歌詞。原本國歌的開頭是「高舉迦納的旗幟」。那時我才剛從哲學系畢業，讀完約翰·羅爾斯（John Rawls）的現代自由主義經典《正義論》，我回答他說，舊國歌比較好，因為你就算不相信上帝，也可以開心地跟著唱。我父親笑了笑，說：「在迦納，沒有人會傻到不信上帝。」

我那時候沒繼續說下去，因為迦納的無神論者確實少到可以塞進同一間電話亭裡。迦納人不只相信全能的造物之神，也相信各種不同的神靈（spirit）。這種信仰的表現之一，是人們不管信奉什麼宗教，參加葬禮、命名儀式、婚禮、堅信禮、生日派對，乃至所有社交場合，都會舉杯向祖先敬酒。他們會打開一瓶威士忌、琴酒或別的烈酒，先撒一點倒在地上，唱名喚請列位先祖收下祭品，為祂們母族（abusua）的後裔照看在世的利益。這不僅是象徵性的舉止，雖然迦納人沒有真的認為祖先需要喝酒，但他們確實相信祖先可以聽見呼喚，並以日常生活中的幫助回報活著的親人；而其他一般人看不見的神靈，和人類的關係也大致如是。儘管我父親是倫敦四大律師學院之一的成員、迦納衛理公會的長老，除了《聖經》之外，他最喜歡的床邊讀物是西塞羅的著作，但他也理所當然地相信這些，而且一點也不覺得有哪裡奇怪。他的自傳裡滿是他祈求並接受神靈協助的故事。當他在家裡打開威士忌，撒到客廳的地板上時，他會先向阿克羅瑪—安皮姆開口，他是十八世紀的一位阿散蒂將軍，我們家族財富的奠定者，然後是我的曾叔公堯．安東尼（我的名字就是繼承他們兩位），還有我的曾姑婆，堯．安東尼的妹妹。

如果硬要說這些行為象徵了什麼，或許可以說是家庭價值之類的東西吧。但問題是，這些行為背後的根本信念絕非什麼象徵。如果你不認為死去的叔公可以聽到你的聲音、在你做事時提供幫助，那麼你和我父親眼中的事實就沒有交集。

還有一件事情，你也可能跟我的迦納同胞沒有共識：他們大部分都相信巫術。他們認為某些邪惡的男女有特殊的力量，可以用不尋常的手段傷害他們不喜歡的人。父親過世時，我有個姊姊就相信這一定是哪個姑姑在對我們下咒。守喪期間她完全不吃姑姑們送的餐點，也不准其他家人拿來吃。但她又覺得讓其他在我們家的人吃就無所謂，反正裡面沒有下毒。咒藥懂得分辨自己要侵害哪些人，所以那些菜只會傷害我們。而且，我姑姑的法力之強名聞遐邇，所以食物並非唯一的危險來源。幸好也有人會施展善良的巫術，可以對抗邪惡的巫術——而這些女巫和巫師大多也是伊斯蘭教的毛拉姆（malaam）①。我姊姊還千交代萬交代，吩咐我們要去買頭白公羊來獻祭，這樣才能保護全家人。

阿散蒂人對神靈與巫術的信仰包羅萬象、複雜細緻且緊密交錯。而且我想你也猜得到，每個人對這些的看法都不盡相同。有些福音派基督徒認為這些各地都有神廟與祭司奉祀的傳統神靈就是魔鬼，也就是《詹姆斯王欽定本新約》中所謂「一切執政的、掌權的」（principalities and powers）②。但我父親不一樣，他認為祭奠神靈跟他的衛理公會信仰並不衝突。大多數阿散蒂人都相信這一類理論，認為世界上存在著各種神靈與無形的力量，像巫術一樣影響著人類的生活。有些理論還主張人們可以向這些看不見的獨立實體尋求幫助，這些觀念或許也可以說是阿散蒂宗教的一部分。

不過說實在，世界上大部分的地方，都跟我長大的迦納一樣。就算是信奉基督教、伊斯蘭教、印度教、佛教等主要宗教的地方，也往往存在著各自的信仰傳統，相信各種無形的神靈，人們可以召喚祂們行善，也可以召喚祂們作惡。

實證主義者喜歡拿這些信念對照現代的科學觀。「這些傳統信仰不僅錯了，而且還是非理性的。只要科學家用嚴格的實驗來檢驗這些信仰，信徒就不得不放棄。」但這種看法一點證據也沒有。在前一章，我提到價值並不像實證主義者想像的那麼縹緲。而在這裡，我想指出事實也沒有那麼可靠。我這樣說，並不是因為我懷疑真理存在與否；老實說，我還寫過一本叫作《語意中的真理》（*For Truth in Semantics*）。但要找到真理，光靠明亮的雙眼和清楚的腦袋是不夠的。

說服阿科蘇亞

拿個看似簡單的問題來說好了：人到底會不會受到巫術傷害？你要怎麼說服我的阿散蒂親戚，相信這是不可能的？人類本來就常會莫名其妙生病，很多病患也都有好理由認為某個

---

① 豪薩語 Mallam 之借字，出自中亞的毛拉，意為「受解放者」，多用於尊稱教士，在各地有不同拼寫。

② 指掌管各種權柄的善惡天使。

人正怨恨著自己。因此，只要你接受了巫術的觀念，就會發現有太多狀況可以用這個萬能理論來解釋。要駁斥巫術理論，你必須先更清楚理解巫術，才有機會說服我的親戚，告訴他們巫術的理論錯誤百出，而你有更好的方法可以解釋。但這可能要花很多時間。在這類型的跨文化交流中，你常會需要解釋各種自己從沒注意到的事實，而且你也不知該如何解釋。現在，有個阿散蒂人阿科蘇亞（Akosua）跟你說，她有個阿姨去年生病了，大家都知道這是她媳婦的巫術害的。他們家去找了毛拉姆，宰了一頭羊以後阿姨的病就好了。阿科蘇亞想知道，要是宰那頭羊沒有用，為什麼她姑姑會好起來？如果巫術不存在，她姑姑又為什麼會生病？雖然你認為這些問題有答案，但你並不確定到底該怎麼回答。

除此之外，你還要讓阿科蘇亞相信世界上存在著微小、看不見的原子，這些原子串在一起形成了病毒；這些東西小到你用最大的放大鏡都看不見，卻有著巨大的威力，足以殺死一個健康的成年人。想想看，就連歐洲的科學家都花了很久的時間，才相信病原體學說，然後經過一連串推論，才找出鑑定病毒的方法，就知道一切有多複雜。你又要怎麼靠一張嘴，就讓其他人接受這個理論？而且單靠你一人，沒有生物學家之類的協助，又能拿出令人信服的證據給她嗎？如果你提議做些實驗，阿科蘇亞也許會願意試看看。比如你可能會想證明，那些「女巫」是否討厭一個人，跟生病之間不存在相關性。但如果有相關性呢？如果阿科蘇亞的預測正確，被女巫怨恨的人，比沒有被女巫怨恨的人更容易生病，你大概也不會相信巫術，而是會提出另一套解釋。比如說，認為自己被強大「女巫」怨恨的人可能壓力比較大，所以更容易生病？因此，你也應該預料到，當你的預測符合實情時，她也會提出自己的解釋。

有個廣為人知的故事是這樣說的：有個醫療傳教士來到偏遠地區，驚恐地發現人們完全不經處理就拿井水給嬰兒喝。因此孩子常常拉肚子，很多孩子甚至因此死亡。傳教士告訴當地人，雖然井水看起來很乾淨，但裡面還是有一些看不見的小生物會讓孩子們生病。不過只要大家把水煮開，就能殺死水裡的細菌。一個月後，她回到當地，發現人們還是用髒水餵孩子。畢竟，如果有個陌生人跑來你的社區，告訴你說你家小孩是中了巫術才會得流感，你會就這樣跑去宰一頭羊嗎？於是，傳教士想到了另一招。「我給你們看個東西。」她邊說，邊打了一些水煮開，「你們看，這些水裡面都住著壞神靈，但只要你把水放到火上，它們就會逃跑，水上的氣泡就是逃跑的神靈，就是祂們讓你們的孩子生病。」這下人們就了解為什麼要把水煮開了，嬰兒們也不再腹瀉而死。信念和其他的事物一樣，都必須以我們立足的地方當作起點。

曼哈頓的人如果搞不清楚為什麼生病，都會先從病毒和細菌開始討論。不過由於醫生宣稱面對大多數病毒，他們能做的事情並不多，所以也不會花太多精力去鑑定病毒。反正找醫生也改變不了病毒感染的病程。簡單來說，在日常生活中把病因歸給病毒，通常跟歸給巫術沒有什麼差別，同樣是依靠「疾病是可以解釋的」、「病毒可以讓人生病」這些籠統的信念。

如果你問曼哈頓人為什麼相信病毒，大多數會給你兩種答案。首先他們會訴諸權威，告訴你：「有科學證明啊。」但如果你問他們科學是怎麼證明的，對話很快就會卡住（就算對方是科學家也一樣，除非對方正好是異常熱愛醫學史的病毒學家）。接著，他們會指出一些現象，比如愛滋病毒或普通感冒的傳播、他們姨婆去年冬天去世、他們在雜誌上看過某種病毒的圖片——總之，病毒理論可以解釋這一切。

同樣地，庫馬西人被問到為什麼相信巫術時也會訴諸權威。「祖先是這麼告訴我們的。」然後他們會繼續告訴你，他們看過或聽過哪些巫術案例，還有巫術能解釋的一切事物。二十世紀的人類學大家愛德華・埃文斯—普里查德（Edward Evans-Pritchard）爵士寫過一本精彩的書，書名叫作《阿贊德人的巫術、神諭和魔法》（*Witchcraft, Oracles and Magic among the*

Azande），講述了蘇丹阿贊德人的故事。在鉅細靡遺地了解阿贊德人對巫術的看法後，他就注意到有好幾次，他都在晚上看著村落附近的灌木叢中閃爍火光，忍不住暗忖道：「啊，那邊有女巫。」當然，他沒有真的相信巫術。他知道那多半只是村裡有人出去解手，而火光來自手中引路的火把。但這告訴我們，眼裡看到什麼，其實是取決於心中相信什麼；認為面對某種經歷時，該怎麼思考才合理，也都是取決於既有的想法。

杜漢的發現

無論西方科學還是各地的傳統宗教，有些東西是不會變的。二十世紀初，法國物理學家皮耶．杜漢（Pierre Duhem）注意科學家有一種耐人尋味的行為模式：每當有哪個科學家做了實驗，或是蒐集到資料來支持新理論，別的科學家總會否認這些證據，特別是贊同其他理論的科學家。這些反對意見各式各樣。比如說，有人會提出實驗沒有正確執行（「你的試管受到污染」）；有人會宣稱所謂的「資料」並不正確（「我們做了相同的實驗，但沒有得到相同的結果」）；或者，也有人會指出他們的理論同樣可以解釋這些資料（「作者主張這些化石證據證明了太古渾湯論，也就是生命演化自原始海洋電化學反應所創造的基本成分；但是胚種論，即地球上的生命來自某顆隕石上的基礎有機物，同樣可以解釋本論文中的化石證據」」。根據這個觀察，他提出了一個一般性的主張，並且被後來的哲學家稱為「杜漢論題」（Duhem thesis）。杜漢認為，無論你掌握了多少資料，永遠都有解釋力相當的理論可以和你打對台。用哲學家的行話來說，這叫「證據不充分決定論」（underdetermination），也就是經驗證據無法充分決定理論的真假。

而對於實證主義來說，證據不充分決定論是一個大問題。如果科學是理性的，照理說，我們就可以期待，將一個理論變成科學理論的過程，也會產生好理由讓我們去相信這些理論。而且既然有了證據，我們想必應該得到最好的理論。但如果兩個人總是可以用不同的理論合理回應相同的證據，那麼除了理性或證據之外，就必須有其他因素才能解釋他們的選擇。此外，如果這是真的，那麼無論我們有多少證據，**事實永遠都不會只有一種合理的解釋**。這表示再多科學探索，也無法統一所有人對事物樣貌的認識。實證主義不僅低估了理性將欲望合理化（justify），並進一步證明價值的功能，也誇大了理性將信念合理化，進而證明事實的能力。

證據不能充分決定理論真假已經夠惱人了，但後來又有一位研究科學思考，名叫「諾伍德・韓森」（N. R. Hanson）的哲學家注意到，還有另一個問題同樣會威脅實證主義者所信奉的科學思考方式。實證主義者告訴我們，要幫一個理論尋找證據應該這樣做：首先，你要蒐集資料，然後看看這些資料能支持哪些理論。而觀察與實驗，也就是蒐集基本事實的過程，應當是獨立、不預設任何理論的。但韓森注意到，沒有任何資料能擺脫理論的假設。伽利略從望遠鏡中看見月球的山脈以後，便正面吞下反對者的嘲諷，假設望遠鏡在太空中和在地球上一樣有用。如今我們知道伽利略所言不假。但他是怎麼知道的？當時沒有人能夠帶著望遠鏡飛上太空。他只能靠著理論推測。老實說，要使用不帶任何理論思想的語言來呈現資料非常困難，韓森更是認為這根本不可能。

不過韓森的想法是否正確、理論與資料能否彼此獨立，對我們這裡的討論來說都不重要，因為我們絕不會這麼做。當科學家看著雲霧室的照片，觀察帶電粒子在過飽和蒸氣中留下的薄霧時（這是韓森最熟悉的科學例子），他們會說：「看，這就是電子的路徑。」這對他們來說，就是相信的充分理由。然而我們這些普通人，既不知道相關的物理原理，也不了解雲霧室的運作原理，所以對我們來說，照片上的不過就是條模糊的線。韓森的見解是，你眼中的世界有哪些是可以合理相信的，不但取決於你原本相信什麼，也取決於你先前聽聞過什麼想法。如果你不了解電，對它也絲毫沒有概念，你就沒有理由像富蘭克林一樣，會想要搞清楚閃電到底是不是由電構成的。

然而，如果什麼可以合理相信，是取決於你原本擁有的信念，那麼你就不可能檢視自己的每一個信念合不合理。想想看，你是依據原本相信的東西來回應新的證據，而這又會帶來新的信念。但原本的信念合理嗎？當然你可以試著檢驗它，但你還是必須依靠另一個本來視作理所當然的信念。一切信念皆有因緣，不可能從無到有。我們每一個人都是在某個家庭和社會中長大，這個家庭和社會使得我們一開始就掌握了無數信念，而這些信念是我們無法靠自己發展出來的。每一個思想，每一個概念都在我們的成長過程中不斷發展。有些是基於我們的生物稟賦，好比說顏色的概念，或是「這世界上有實體物件」的概念。但有些想法卻必定是由其他人給予的，比如電子、基因、民主、契約、超我、巫術。

也就是說，我的親戚相信巫術並沒有什麼不合理。他們的想法就跟大多數人一樣，都是基於各自所繼承的概念與信念；如果你在成長途中接觸了一樣的信念、一樣的經歷，那你也會相信一樣的事物（況且，工業化後的西方同樣相信各種超自然存在：超過一半的美國人相信天使，大約有百分之四十的人認為耶穌可能會在未來半個世紀內的某一天返回地上舉行末日審判）。

相較之下，我們這些接受過科學教育的人就有著明顯優勢。這倒不是說我們做人比較理性，而是我們可以根據更有效的基礎信念去思索這個世界。豐厚的科學機構，意味著科學家們發展出的理論與思想，將會遠遠超過現代科學茁壯之前的理論與思想。只要借用這些概念，我們就能更融入現實、更容易理解和掌握這個世界。以農業文明最需要的天氣預測來說，阿散蒂最好的傳統預測方法，就遠遠不如國家氣象局使用現代科學模型所提供的預測。而要是沒有病毒檢測、治療藥物、預測保險套可以預防性病傳播的認知，誰知道愛滋病在非洲會氾濫到什麼地步？理性在工業化世界中步步推進，並不是因為個體的推理能力增強了，而是因為我們建立了許多機構，可以讓普通人發展、檢驗並完善自己的想法。而巫術理論的問題不在於它不合理，而在於它不是真的。為了找出真理，科學家逐漸發展出現代人對疾病的理解，而這一切都需要龐大、有組織機構負責研究、事後檢討和分析。

現實只有一個，而巫術理論和細菌理論一樣，目的都是解釋疾病，並進一步理解這個現實。醫學界現有的疾病理論並不完全正確，否則你看醫生的時候就百分之百能診斷出病因、得知後續發展，甚至沒有好不了的病。但是當美國人發了燒，認為自己受到感染時的反應，跟世界各地的人一直以來所做的事完全一樣：使用背景文化所賦予的認知來思考這場病是怎麼回事。如果現代醫學和我相信的一樣，是比巫術更好的理論，那也不是因為這位美國人比信奉巫術的迦納人更優秀，而是因為他運氣好，身處的社會曾經花費大量人力資源，找出更好的理論。

但我們的生活並不只依靠科學理論。接下來，我會開始解釋價值語言如何協助我們走上相通的道路，以面對所有人共同的抉擇。實證主義的觀念說對了一點：自然科學的方法論並沒有讓我們更理解價值，只讓我們更理解事實。因此要了解價值，我們或許可以從其他不如我們深信科學方法的社會取經；因為既然科學方法不曾增進我們對價值的理解，那即使它真的更適合用來理解事實，我們也沒有理由相信它同樣適合用來理解價值。另外，無論是從積極還是消極的角度來看，我們也都有相當充分的理由去向其他文化學習。如果實證主義者質疑我們，要怎麼保證「我們一定有辦法說服每個人，相信一切有價值的事物是有價值的」，那我們也可以質疑他，要怎麼保證「我們一定有辦法說服每個人都相信事實」。因為這個質疑預設了事實比價值更有說服力；然而，杜漢論題也告訴我們，就算從實證主義的觀念來看，也沒有好理由接受這個宣稱。

別忘了，世界上存在各式各樣的事實，支持的人必須為之提出各種不同的理由；因此，要主張不同類型的價值，顯然也需要有不同的論據。要支持數學方面的信念，可以依靠數學證明。要支持有關事物顏色的信念，可以觀察它們在一般光線下的外貌。要支持跟人心有關的心理學信念，可以觀察人們的言語和行為。要支持關於我們自己內在的信念，有時可以靠內省法尋找證據。但追根究底，無論事實還是價值，我們都沒有辦法百分之百說服每個人接受我們的看法。這是人的局限，就算世界主義者也必須接受。實證主義者相信，即便事實如何眾說紛紜，也會有某個人掌握到真相，事物的本來面目一定會支持某個人的想法；但說到價值，卻沒有什麼東西可以為我們的主張背書。但即使我們同意這種觀念，我們就真的有辦法認定，宇宙一定是以某種特定的方式存在，或者相信我們對其存在方式的認知一定會達成共識？世上沒有保證達成共識的對話，無論和你對話的是熟識的鄰人，還是萍水相逢的陌生人。

第四章

道德分歧

◎ 穿越厚重，搜索輕薄

◎ 家庭的重要性

◎ 週三的紅辣椒

◎ 相似的種種

◎ 爭議的詞彙

◎ 愚人金

◎ 哪些價值比較重要？

◎ 與陌生人爭執

穿越厚重，搜索輕薄

想見識價值分歧，你不需要離家千萬里。在散場的電影院外面，就有觀眾覺得《登峰造擊》拍得比《尋找新方向》好，但她的朋友卻嗤之以鼻：「這部片說四肢癱瘓的人活著毫無價值，如果她想要，你就應該殺了她欸，你怎麼會覺得這種電影比較好？」另一邊的酒吧剛發生一場鬥毆，人們熱烈討論著剛才的事，有人說勸架的旁觀者很勇敢，也有人說他太魯莽了，應該報警才對。在討論墮胎的課堂上，一名學生表示，懷孕初期墮胎對母親和胎兒都不好，但墮胎應該要成為母親的合法選擇。有個學生則認為，殺死胎兒的嚴重性，甚至比不上殺掉成年的貓。第三個同學卻說墮胎就是謀殺。如果我們希望鼓勵世界性的交流，開啟不同社會的之間的道德對話，我們就該預期到會有這些分歧——畢竟就連社會內部都免不了這類分歧。

但道德衝突有很多種形式。首先，我們的評價語彙非常繁多，而且就像哲學家常說的一樣，有些評價用詞，比如「好」或「應該」，都十分輕薄（thin）。這些字眼代表贊同，但用法卻有點過於靈活：好土壤、好狗狗、好論證、好主意、好人。知道這些詞的意思，並不會讓你知道該怎麼使用。當然，有些行為無論如何都跟好扯不上關係。這不僅是因為「好」這個詞的涵義中，原本就沒有內建這種行為，也是因為你無法理解要怎麼贊同這些事；比如說，搶飢餓孩童的食物就絕不是好事。

不過，大部分的評價語詞都比這「厚重」（thick）得多。如果要使用「粗魯」的概念，你一定是先認為要批評的行為欠缺良好的行止儀表，或是沒有適當關心他人的感受。比方說如果你是不小心踩到我的腳，我卻諷刺地對你說「謝謝」，暗示你是故意的。這樣就很粗魯。但如果我絲毫沒有諷刺的意思，只是單純感謝另一個人為我做的事，這樣就不粗魯。另一個例子是「勇敢」，這通常是用來稱讚人的詞彙。但它的意義比「對」或是「好」等輕薄的詞彙更具體：要表現出勇敢，你需要做一些我們會覺得有危險的事，這種行為很可能讓你會失去某些東西。當然，如果你有廣場恐懼症，或是知道按門鈴的是祕密警察，那光是打開家門就非常勇敢了。

輕薄的概念就像占位用的包包。正確、錯誤這些觀念，只有與特定社會環境的複雜性層層交織，才會真正發揮作用。正如美國政治理論大師麥可・瓦哲（Michael Walzer）所言，道德從一開始就是厚重的。或者也可以說，當你想要找出跟別人的共識，就是準備從層層的厚重概念底下，抽出隱藏的輕薄概念。[1]

輕薄的概念似乎都是普世性的；世界上有對與錯、好與壞等概念的不只有我們，每個社會都有和輕薄概念相對應的字眼。就連粗魯和勇敢這些厚重的概念，也幾乎普遍見於世界上每一個地方。但還有一些更厚重的概念，確實是專屬於特定社會的。當討論中有一方援用了另一方根本沒有的概念時，就會出現根本性的分歧。但是在這種分歧中，爭吵並不是為了達成共識，而是為了理解彼此。

家庭的重要性

不過有時候，我們熟悉的價值，也會以我們不熟悉的風俗習慣表現出來。好比說，全世界的人都認為應該對自己的子女負責。但誰是自己的子女？我同時成長於迦納的阿肯社會和我母親那邊的英語世界，兩邊對家庭的看法就很不一樣。雖然由於幾百年來的接觸，兩個社會的差異或多或少一直在不斷縮小。但還是有些重大的差異沒有消失。

阿肯人的「母族」是指一群有共同祖先的人，我們彼此之間有愛、也有義務；大致上來說，人與人之間的共同祖先愈近，彼此的牽絆就愈強烈，也就是愈接近一個家庭。然而，母族和西方家庭之間有一個關鍵的差別：是不是母族成員，取決於你的母親是誰，跟父親完全無關。如果妳是女性，那妳的子女就是母族的一員，而妳女兒的後代也是，她們女兒的後代也是，直到時間終結都是。母族的成員資格就像粒線體DNA一樣，只透過女性傳遞。所以我和我姊姊的孩子們處於同一個母族，但跟我哥哥的孩子們不在同一個母族。而且，由於我跟父親的血緣沒有透過女性連結，他也不是我的母族成員。

簡單來說，阿肯文化中的家庭，就是人類學家所說的母系。一百年前，英國人期待父親扮演的角色，在大多數阿肯人的生活中，都是由年紀較長的舅舅（wɔfa）來扮演。他要負責確保姊妹的孩子（wɔfase）能夠吃飽穿好並接受教育。許多已婚婦女會跟自己的兄弟住在一起，並定期拜訪她們的丈夫。當然，男人也會想接近自己的孩子，但他對孩子的義務相對沒有那麼高——或者說，就跟英國人的舅舅一樣。

如果你是外地人，到迦納應該會很驚訝，因為人們最習慣用來稱呼兄弟姊妹的字眼「nua」，同時也可以用來稱呼母親姊妹的孩子。人們有時會用迦納英語跟你說，某某某是「我同父同母的妹妹」，而你可能會覺得這說明也太多餘了（如果有人告訴你，某個女性是他的「小媽」，那麼他指的是他母親的妹妹）。

但是到了我小時候，這一切都開始變了。愈來愈多男人和自己的妻子兒女住在一起，沒有養育姊妹的孩子。但我父親還是會收到他姊妹小孩們的學校報告，要寄零用錢給他們，跟他們母親討論他們的學業，並支付母族家裡的帳單。他也常和他最親的姊妹一起吃飯，而他的妻子兒女（也就是我們）則自己在家一起吃飯。

這就是家庭組織的差異。哪一種對你來說比較合理，很大程度是取決於你在成長過程中接受了哪些觀念。在我看來，一個社會只要能夠有效分配養育兒童的責任，並且講得出一番道理就夠了；至於要說誰是正確的，其他方式都是錯的，那實在很奇怪。西方人認為父親不扶養子女是錯的。但阿散蒂人，特別是過去的阿散蒂人，卻會覺得如果有小孩沒有得到撫養，那錯的人應該是舅舅。一旦你了解這個制度，就很可能會承認它，而且這不是需要你放棄任何基本的道德認知。因為這兩者都符合良好養育的價值，而良好養育雖然輕薄，卻是普世性的價值，只不過這些價值觀在每個社會，都有相當特殊、符合當地習俗和期望，並與社會安排緊密交織的呈現方式。

週三的紅辣椒

但還有其他一些在地價值觀可能會違反你心目中重要的觀念。例如，我的父親不會吃「叢林肉」（bush meat），也就是叢林裡獵來的動物。這其中也包括鹿肉，他曾經告訴我們，有一次他在英國不小心吃到鹿肉，第二天皮膚上就長了疹子。不過，如果你問他為什麼不吃叢林肉，他不會說不喜歡，也不會說是因為過敏。如果他認為有必要，他會跟你說這是他的「akyiwadeɛ」，因為他屬於叢林水牛（Ekuona）氏族。從詞源學上來說，「akyiwadeɛ」的意思是「你應背向的東西」，如果一定要翻譯的話，或許可以說是「禁忌」。話說回來，禁忌的英語「taboo」也是從玻里尼西亞語傳進來的，原本是指某些群體中的人應極力避免的一類事物。

就像在玻里尼西亞一樣，在阿散蒂如果做了這些應背向的事，就會讓人「受到污染」，但也有各種補救措施和「淨化」自己的方式。西方人雖然也有厭惡感和淨化自己的欲望，但這並不意味著我們真的有「akyiwadeɛ」的概念。因為這是一個厚重的概念，如果要有這種概念，首先必須先認為某些事情不該做，是因為你屬於某個氏族，或是順服於某個神明，因此必須遵守這個禁忌。這樣，你才會說叢林水牛氏族的成員不吃叢林肉是有某種道理的。因為從象徵意義上來說，氏族動物是你的親戚，因此對你來說，吃牠（和牠的親戚）就有點像吃人。不過，氏族成員也只能成為不吃叢林肉的理由，而在傳統的阿散蒂社會裡，無法以這種方式理解的akyiwadeɛ實在太多了。一九二〇年代，殖民地政府的人類學家拉特雷上尉（Captain Rattray）曾提到一個叫「埃丁喀拉」（Edinkra）的地方神祇；這位第一個大量書寫阿散蒂傳統的學者提到，埃丁喀拉的禁忌之一，是週三不能接觸紅辣椒。

我舉這個例子，並不是說你無法了解akyiwadeɛ的涵義——老實說，我希望剛才的解釋已經讓你大致掌握了這個詞的基本用法，只不過要是你讀了拉特雷上尉關於akyiwadeɛ的所有作品，就會更了解阿肯人的禁忌，也更充分掌握這個概念。但說到底，你依舊不會在實際思考時，認真用上akyiwadeɛ這個概念。當然，有些行為是很多人都會避免的，比如亂倫就是其中一個，這些我們姑且稱之為「禁忌」。但你認為禁忌應該避免，並不是因為你真的認為它是禁忌；相反地，你認為亂倫是「禁忌」，是因為你有不這麼做的好理由。

有些akyiwadeɛ，例如我父親不能吃鹿肉，是針對特定的人群，正如阿散蒂人的諺語所說：

Nnipa gu ahodoɔ mmiɛnsa, nanso obiara wɔ n’akyiwadeɛ: ɔhene, ɔdehyɛɛ na akoa.
Ɔhene akyiwadeɛ ne akyinnyeɛ, ɔdehyɛɛ deɛ ne nsamu, na akoa deɛ ne nkyerasɛɛ.

人分三類：國王、王族與奴隸，但人人都有自己的禁忌。
國王忌不和，王族忌不敬，奴隸則忌透露出身。

因此，即使外地人來到阿散蒂，也不用遵守許多禁忌，因為你不屬於阿散蒂氏族，也沒有祭祀神靈的義務。但也有很多事情是每個阿散蒂人都「背向」，並期望其他人也這樣做的。而且其中一些牽涉到接觸經期中的女性或最近發生過性行為的男性，即使外地人沒有對他們做什麼，這些禁忌可能也會影響外地人。一旦你知道了這些禁忌，可能就會困惑自己該怎麼做。比如說，由於對酋長來說，跟經期婦女握手是禁忌，因此阿散蒂宮廷的訪客就需要考慮自己是否該出席謁見。

在描述這些禁忌時，我刻意不使用「道德」一詞。當然，這些禁忌都是某種價值，因為它們會引導人們的行為、想法和感受。然而禁忌至少有三個方面跟我們所說的道德價值不同。首先，禁忌並不適用於所有人。只有叢林水牛部落的成員有義務避免食用叢林肉。其次，如果你觸犯了禁忌，無論有意還是無意，你都會受到污染。當你做出違反道德的行為時，如果你說「我不是故意的」，人們會認為那是一種有意義的辯解；但如果你做出違反禁忌的行為，人們卻會認為：「你的本意如何並不重要。你被污染了。你需要清理乾淨。」伊底帕斯王並沒有因為他是在無意中打破亂倫禁忌，而受到比較好的對待。道德和禁忌之間最後的區別是，違反禁忌主要是玷污做出行為的人；也就是說，禁忌從根本上來看，並不是關於你應該如何對待他人，而是關於你應該如何在儀式性的層面上讓自己保持潔淨。

如今，世界各地的人依然相信著類似「akyiwadeɛ」這樣的事情，而類似的「禁忌」等詞彙，也無疑是評價性語言中很重要的成分。但是至少在今天，儘管避免禁忌對人們來說還是很重要，但並沒有其他類型的價值觀那麼重要。原因之一是，雖然違反禁忌會玷污自己，但這種玷污通常可以靠著儀式來淨化。正統派猶太教徒的猶太潔食律法就是一例：遵守這些律法很重要，而且如果可以的話，遵守這些律法的意志也很重要。但是當你不小心觸犯這些律法，正確的反應並不是內疚，而是舉行適當的淨化儀式。而道德上的罪行，諸如偷竊、傷害、謀殺，都無法靠著淨化來彌補。從歷史的發展趨勢，可以解釋為什麼在我家鄉的當代生活中，人們已經不像我父親小時候那麼在乎akyiwadeɛ了。首先是現在有愈來愈多人成為基督徒和穆斯林，而akyiwadeɛ卻是屬於傳統宗教。雖然我前面說到，即使是全球性宗教的虔誠信徒，早期宗教的觀念也依舊存在於他們的生活中，然而跟耶和華或安拉傳入之前相比，這些信仰的分量確實已經減輕了。在過去，如果你違反了禁忌，你有理由擔心招致眾神或祖先的憤怒，所以舉行儀式來淨化自己，並與祂們和解才這麼重要。但當代社會的人已經不那麼尊重這些了。（記得我前面提到，我信基督教的姊妹想保護我們不受巫術傷害，所以她去找了穆斯林幫忙嗎？）

原因之二是，過去的阿肯人會因為出身同一個氏族，而有特殊的牽絆；而如今的人雖然多半還知道自己屬於哪個氏族，但在如今氏族已經沒那麼重要了。過去，如果你來到阿肯地區的某個陌生城鎮，都可以期待獲得當地氏族首領的熱情款待。但現在有了旅館這種東西，旅行也變得司空見慣（反而是待客之道很容易讓氏族的成員喘不過氣）；一旦有這麼多人離開自己的出身地，氏族的重要性自然會下降，就和人們出身的家庭一樣。

還有一點我認為也同樣重要，就是大多數的庫馬西人都知道哪些禁忌是只屬於當地人的，但外地人卻不知道；就算知道，他們也有自己的禁忌。因此，愈來愈多的人認為禁忌是「我們不應該做的事」，但禁忌的意義其實是「我們不會去做的事」。兩者的差別通常很微小，但人們會把這些習俗當成是某種特異的地方風俗，沒有人會認真細究這些事。到了最後，除非它造成什麼大麻煩，否則根本沒有人會在乎。

相似的種種

如前所述，akyiwadeɛ和各種風俗習慣與人們信念中的事實有著厚重的關聯，這其中又有許多牽涉到錙銖必較的祖先與地方神祇，而當代人碰到這種難以深入的價值觀，最常見的反應之一就是批評它們原始、不理性。但如果這些話所言不虛，那原始和不理性其實也很普遍。畢竟，akyiwadeɛ背後的厭惡感絕對普遍存在每個人身上，這也是大部分的人都很容易理解它的理由之一。比如說，很多美國人吃豬肉、卻不吃貓肉。但說實在，貓未必有比豬更骯髒、或更聰明。而且這世上也存在會吃貓的社會，所以我們知道人類確實有可能心情愉悅、毫無顧忌地吃下貓肉。但大多數拒絕吃貓的美國人都只會說，一想到貓肉就讓他們感到噁心，甚至露出跟素食者一樣的表情。真要說起來，我們每個人都有摸到髒東西的經驗；觸摸這些東西會讓我們感到骯髒，吃它們也會讓我們覺得噁心。如果不幸接觸到它們，我們很可能會跑去洗手或是漱口。而且大多數時候，我們會認為這些反應很理性，並且說蟑螂、老鼠還有其他人的唾液或嘔吐物確實都有可能攜帶疾病，而貓肉和狗肉的味道真的很糟糕。可是這些說法無法真正解釋我們的反應。蒼蠅與蟑螂差不多骯髒，但我們卻覺得前者沒有那麼「骯髒」。就算蟑螂已經事先經過高壓滅菌，嚴格消除了所有病菌，人們還是會抗拒喝下有蟑螂的柳橙汁。就連形狀像狗大便的巧克力也會讓人反感，就算大家都確實知道它一點問題都沒有也一樣。

心理學家保羅．羅津（Paul Rozin）進行過許多實驗，以他為首的心理學派認為，這種厭惡感是人類演化出的基本特徵之一，因為對於人類這樣的雜食動物來說，區分什麼該吃、什麼不該吃是非常重要的認知任務。厭惡會引發噁心，而當我們面對不該吃的食物，就會產生這種反應。但這種厭惡感也跟我們其他與生俱來的能力一樣，可以靠文化來訓練。也許就是因為同樣這種天性，才會讓很多文化中的男性覺得跟經期女性握手很髒？或是讓大多數美國人一想到亂倫就感到噁心？但這只是推測，我們無法肯定。不過，這種禁忌反應如此普遍，確實暗示了它跟人類內心深處的某些東西有關。[2]

大多數美國人不管信仰虔誠與否，都認為當代對某些性行為——比如手淫、同性戀，乃至於出於自願的成人亂倫——的態度，只不過是某種各地文化中常見的禁忌。比如猶太人的《聖潔法典》就根據《利未記》的結尾，指出：「凡吃自死的，或是被野獸撕裂的，無論是本地人，是寄居的，必不潔淨到晚上，都要洗衣服，用水洗身，到了晚上才為潔淨。」（《利未記》第十七章第十五至十六節）。《利未記》還告訴「亞倫的後裔」，也就是祭司們，如果觸摸了「使他不潔淨」的人或「爬物」，都必須沐浴並等到日落才能吃「聖物」（《利未記》第二十二章第五至八節）。該章也提到禁止食用血液、殘害自己的身體（包括紋身、為祭司剃鬚、除了男性割禮外不得用刀劃開身體），也禁止看見不同親屬赤身裸體，並詳細規定了犧牲獻祭的種種細節。儘管對大多數現代基督徒來說，耶穌基督已經將人們從這部分的猶太律法中解放出來了，但這些經文中也包括有名的禁止男人「與男人同寢」，以及禁止亂倫與獸交的誡命，而大多數基督徒依然認同這些誡命。[3]

《利未記》的前面也提到一系列禁止直接或間接接觸經期婦女的誡命，以及如何清潔自己，免於被污染的規則；經文也指出男性射精是一種污染，因此即使有經過沐浴，男人在入夜以前仍是「不潔淨」的。[4]這些規則和阿肯人的傳統一樣，都是以形而上的信仰為根基，由信徒反覆強調是上帝藉摩西之手交給以色列人的律法，並往往和宗教性的詮釋交織在一起。比如說，禁止食用血液通常是這麼解釋的：

> 因為活物的生命是在血中。我把這血賜給你們，可以在壇上為你們的生命贖罪；因血裡有生命，所以能贖罪。因此，我對以色列人說：你們都不可吃血；寄居在你們中間的外人也不可吃血。[5]

《利未記》這段經文告訴我們，價值適用的對象並不是整齊地按照族群來劃分。你也許認為不尊重父母是壞事，但這種壞事不同於通姦，也有別於跟動物發生性行為，或是跟你的媳婦亂倫。我承認，我並不認為男人之間的性行為是壞事，即使他們「像和女人一樣」同寢。但以上行為全部都是《聖潔法典》所禁止的——《利未記》中講得很明白，這些人全都應該「治死」（《利未記》第二十章第九至十三節）。

對於認真看待禁令的人來說，這些都會引起發自內心的深刻反應，而他們也會很計較各種關於形上學或信仰細節的信念。但是當深刻的反應和信仰混合在一起，人們就很難好好跟沒有相同價值觀的人進行討論。然而，我們即使不認真採信對方的價值觀，也仍然有希望理解對方；不需要和他們有相同的價值觀，也能感受價值是如何鼓動對方的言行。雖然跟那些被大流士嚇壞的印度人和希臘人不同，我們沒有很在乎怎麼處理屍體，也不認為別人應該對屍體那麼認真；但是當我們觀賞索福克里斯（Sophocles）的悲劇，我們依然會被安蒂岡妮安葬兄弟屍體[1]的決心感動。

雖然禁忌可能會讓人們對於哪些事情該做、哪些事情不該做產生難以調和的分歧，但很多人也都理解，這些價值是因地而異。如今的阿散蒂人基本上已經接受，其他人感受不到我們禁忌的力量，也知道別人可能有自己的禁忌。最重要的是，這些在地的價值觀並不會讓我們看不見善良、慷慨和同情心這些人類社會廣泛認可的美德，或是忘記殘忍、吝嗇和不體貼他人這些人類社會普遍譴責的惡德。因此，《利未記》中除了各種上帝憎惡的事物，也有不少要求符合普世價值，這些價值限制了禁忌的內容，比如《利未記》第十九章就命令我們把一部分農作物留給窮人，不得說謊、隱瞞、欺詐和盜竊，不說聾子的壞話，不將絆腳石放在瞎子跟前，也不要誹謗我們的親戚。經文裡還提出了一個近乎不合理的要求：「要愛人如己」（《利未記》第十九章第十八節）。《聖經》裡的某些價值觀並非所有人都認可，但也有很多是每個人都同意的。

爭議的詞彙

世界主義者認為，每個文化的價值語彙都有充分的交集，足以讓我們展開對話。但跟某些普遍主義者（universalist）不一樣，我們不認為只要擁有相同的語彙就能達成共識。日本人以有禮貌聞名，但每個美國人也都知道什麼是禮貌；只不過禮貌是一個相當厚重的概念，這意味著我們對於何時要表現出禮貌，難免會有分歧。比如這個故事：有一名記者採訪了一位因侵犯人權而聲名狼藉的外國獨裁者。這名記者她說話很恭敬，常稱呼他「閣下」。她提到：「有些人暗示你們監獄裡關押的都是政治犯。」而這其實是人盡皆知的事實，「閣下，您對祕密警察使用酷刑的指控有何看法？」而這位獨裁者回答：「都是些胡說八道，有人想

①《安蒂岡妮》（Antigone）是底比斯三部曲的最後一部，描寫伊底帕斯的女兒安蒂岡妮不顧國王克瑞翁的禁令，堅持安葬反叛城邦的兄長波呂尼刻斯而被處死，最後一意孤行的國王也遭致妻離子散的命運。

讓外國人質疑我們國家的進步，才編造出這些謊言。」記者聞言，便跳過了這個話題。這是禮貌嗎？還是膽怯地放棄了記者追尋真相的義務？或者兩者皆是？如果這是禮貌，那在這種情況下，保持禮貌是否恰當？像這樣的討論一直沒有消失，也沒有得出任何結論。

禮貌是一個跟行止儀表有關的價值詞彙，而我們通常認為禮節不像道德一樣需要嚴肅以待。不過，上述故事的爭議往往也會涉及「勇敢」這樣更為直接，或是像「殘酷」這樣更為根本的道德詞彙。和大多數關於美德與惡德的詞語一樣，哲學家將「勇氣」和「殘酷」歸類為「開放性質」（open-textured）的字彙，也就是說即使每個人都知道這些詞的涵義，但對於它是否適用於特定情況，依然會產生合理的意見分歧。[6]掌握這些詞語的意思並不會給你明確的規則去判斷它能否適用各種情境。大約五十年前，法哲學家哈特（H. L. A. Hart）提出了一個開放性質的例子，也就是禁止「車輛」進入公園的規定。這項規定適用於小朋友口袋裡兩吋大的玩具車嗎？「車輛」是一個開放性質的字眼，無論說可以、還是不可以，似乎都有點道理。當然，從該規則的脈絡來看，這裡的意思很明顯是要防止有人在公園裡開車，妨礙人們安心休憩。所以讓小孩子把玩具帶進公園當然沒關係。但根據這個理由，滑板是不是也算一種車輛？我們沒有理由認為，制定這條規則的人心裡對此這問題有答案。語言只有在我們熟悉的尋常情境裡能正常運作。一旦狀況開始耐人尋味，就算兩個同樣熟悉同一種語言的人，也會有不同的意見。

而評價語言的開放性質又更加明顯。像是我有一位舅公曾經率領騎兵隊持劍朝機槍陣地衝鋒。這是勇敢嗎？還是魯莽？〔你可能以為我這位舅公是阿散蒂人，但其實他是英國人，曾在第一次世界大戰的前線跟鄂圖曼帝國作戰。弗雷舅公把自傳取名叫《豪賭人生》（*Life's a Gamble*），就是怕人家不知道他有多大膽。〕亞里斯多德認為，勇氣不只是淡然面對危險，還要能採取明智的反應。當然，如果考慮到我舅公的目標，在當時的情況下，提起軍刀衝鋒或許是最明智的策略。但是，就算你我盡可能找出故事完整的前因後果，我們倆的意見最後還是有可能產生分歧。

幾年前，一個由許多宗教領袖組成的國際議會發表了他們所謂的〈全球倫理宣言〉（Towards a Global Ethic: An Initial Declaration）。宣言中的勸告就像占星術一樣，看起來非常精確，但又保留了足夠的模糊地帶，適合每一個人遵循。「我們絕不能犯下任何形式的性失德行為」是個很好的觀點，唯一的問題是我們對於什麼算是性失德行為沒有共識。「我們必須棄絕一切形式的支配和虐待」也很正確，但說真的，那些支配和虐待婦女的社會就算同意這段話，也不太可能承認自己有犯錯，反而會堅信自己是在保護女性的榮譽與貞潔。「我們必須努力建立公正的社會和經濟秩序，讓每個人都有平等的機會，充分發揮生而為人的潛力。」俄裔美國哲學家艾茵・蘭德（Ayn Rand）的信徒會認為這意味著支持不受約束的資本主義，而費邊主義者（Fabian）同樣會認為這句話所指的是社會主義。

讓屠宰廠裡的活牛聞到宰殺牛隻的血腥味是否殘忍？打孩子屁股教他們做人的道理又怎麼說？我不是說我們不能在這些問題上選邊站，我要說的是，當我們無法達成共識時，未必是因為有人不理解對方所重視的價值，而是因為要用價值詞語描述未有定論的狀況，需要很多判斷與裁量。要說起來，這些詞語的使用方式會引起爭議，原因之一就是我們對這些詞語的理解。用另一個哲學行話來說，就是這些詞語有「本質上可爭議」（essentially contestable）的性質。正如蘇格蘭哲學家葛利（W. B. Gallie）在提出此概念時的介紹，對很多概念來說，「正確的用法不可避免包含了使用者對其正確用法的無止境爭辯。」我一直認為，評價語言的目的不僅是塑造我們的行為，也是塑造我們的想法和感受。當我們使用「勇敢」、「懦弱」、「殘忍」和「仁慈」等詞語描述過去的行為，我們就是在塑造人們對這些事情的想法和感受，以及塑造我們對道德語言的理解。因為這種語言具有開放的性質，而且本質上就可爭議，所以即便是使用相同道德語彙的人，也有很多東西可以爭論不休。

愚人金

再來看看「黃金律」：「己所不欲，勿施於人。」更積極的版本則是：「想要別人如何待你，就該如何待人。」世界宗教大會的領導人一致認為這是全球倫理的「根本原則」。有鑑於它確實是全球倫理原則裡最得人望的規範，我認為應該花時間解釋它為什麼沒有什麼說服力。如前所述，黃金律有兩個版本，但這兩個版本並不等價。一個版本是用比較溫和、消極的方式，勸戒我們如果不希望別人用某種方式對待我們，就不要那樣對待他人，而另一個版本則以比較強硬、積極的語氣，要求我們如果希望受到別人怎麼對待，就該那樣去對待他人。無論哪一種說法，黃金律都體現了一種很有吸引力的想法：當你要對別人做些什麼時，先想像一下他們眼中的世界是怎麼回事。這種基本的道德情感一直廣為流傳。「己所不欲，勿施於人。」是出自《論語》第十五篇〈衛靈公〉第二十四章。「這是責任的總和：不要對人做令你痛苦的事。」出自《摩訶婆羅多》五：一五一七。「你們要人怎樣待你們，你們也當怎樣待人，這就是律法和先知書的大旨。」出自《詹姆斯王欽定本聖經．馬太福音》第七章第十二節。但即使有那麼多宗教經典提出了各自版本的黃金律，這個規則仍然沒有看上去那麼有用。

要知道為什麼，我們得先承認一件事：當我們對別人做了某件事，這件事可以有無數種真實的描述方式。其中一些描述方式，可以讓對方很高興你做了這件事；但換了別種方式描述，對方可能就高興不起來。比如說你是醫生，現在正準備用輸血挽救一個耶和華見證人的生命。你要做的事追根究底，是拯救她的生命。如果你面臨一樣的狀況，那你當然也希望有人拯救你的生命。因此我們可以假設她也希望你這樣對她。然而，你要做的還有另一件事，幫她輸血。這同樣是你希望別人對你做的事情。問題是，你的患者並不想要人家這樣對她。因為《利未記》第三章第十七節說過：「在你們所住的地方，凡油與血，都不可吃，這為世世代代永遠的定例。」而大多數耶和華見證人都將此解釋為禁止輸血。由於服從上帝的命令，對她來說比塵世的生命更為重要，因此在這個描述下，她寧願去死，也會堅決反對你想做的事。無論哪個版本的黃金律，在實踐中的第一個問題，就是如果要使用它，我不但必須知道為什麼我要對別人做這件事（也就是如何描述這件事對我來說有意義的事），還要知道這件事會怎麼影響對方的內心。

那麼你該怎麼做？如果你處在她的狀況，應該會非常願意接受輸血。這樣想的話，黃金律的答案就是「幫她輸血」。但如果她站在你的角度呢？你是一個如果不輸血就會死去的人，還是一條必須違背上帝誡命才能拯救的生命？如果我相信一旦接受輸血，我就會下地獄，我多半也不會想要接受。只要這樣想，黃金律就會要你去做完全相反的事了。那麼，當我猶豫應該對別人做什麼時，到底是該按照我的價值觀和信念，思考我希不希望有人對我做這件事？還是設想如果我擁有對方的價值觀時，我會不會希望別人對我做這件事？

但我認為正確答案是兩者皆非。假設你的病人有種族歧視，而你手上的血是非裔美國人捐的，那你應不應該自問，如果你是種族主義者的話，你希望對別人怎麼對待你？老實說，我無法想像孔子或耶穌會思考這種事情。但這其中的差別，不只是因為種族主義不對。我認為耶和華見證人對《利未記》的解讀是錯的。《利未記》第三章很明顯是在談如何食用要獻祭給上帝的肉，第十七節只是在強調要將脂肪燒掉，並將血灑在祭壇的周圍。從上下文來看，我認為將他人捐贈的血液注入一個人的血管以挽救他的生命，絕對不能算是「吃血」。儘管如此，我仍然認為她不想接受捐血是很重要的價值，只不過這對我來說並不重要。

對於為什麼是這樣，我並沒有很明確的答案。當我自問「如果他們這樣對待我，我會怎麼樣？」時（我認為大家都應該常常這樣做），我有時會想像自己跟對方擁有相同的信念和價值觀，但有時我不會這麼做。比如說，我現在面前有一個病人，他認為加拿大的藥比美國的差。但他並不是腦袋有問題，而是因為有人刻意進行過組織化的宣傳，讓他相信有這種事情。如果我手上有廉價的加拿大藥品，也有昂貴的美國藥品，而且我很有信心兩者的醫療效果相當，開給他任何一種都沒問題。這時我應不應該讓他選擇？我不確定。但除非我知道對方有這種錯誤的信念，否則考慮我自己希望拿到哪一種藥完全無濟於事。

從這點來看，黃金律還會碰到更大的困境。康德認為，如果你想找出正確的行為，你應該要先舉出一條普遍性的行動原則，他稱之為「格言」（maxim），然後試問，如果每個人都遵循你的格言，你是否會感到高興。他給的例子是這樣的：你不應該因為違背承諾有好處就這麼做，因為你不可能希望每個人都這樣做；如果每個人都違背承諾，那當你做出承諾時，就沒有人會相信了。這個思考方式稱為格言的「普遍化」（universalizing a maxim）。但要確定你行動時到底遵循怎麼樣的格言，其實非常困難；況且正如下一章的討論，我們通常更清楚應該做**什麼**，而不是**為什麼**應該做。

黃金律真正的理念，其實是我們應該認真看待並考量他人的利益。它建議我們了解別人的情況，然後發揮我們的想像力，設身處地思考。這些都是我們世界主義者會贊同的目標。但說實話，設身處地並不容易。

哪些價值比較重要？

對待價值分歧還有一種方式。即使我們使用相同的價值語言，即使我們對於要怎麼用這些語言討論特定案例有共識，還是有可能對哪些價值比較重要莫衷一是。比如說，孔子在《論語》中說到，兒子應該孝敬父母。他也說君子應該以仁德回報恩德，不要以仇怨回報傷害；要遠離貪婪，不因一己的利益妨礙正直之道；還要有勇，有智，有信。不過要是這麼簡單地概括，孔子似乎就跟《哈姆雷特》中的御前大臣波洛紐斯沒有兩樣，而且還很迂腐。但我們和他同樣重視這些價值，並不代表我們總是要同意他對於人們該如何思考和感受的觀點。比如說，孔子非常重視遵從權威，其程度遠超過大部分的人。因此，有時孔子會以和我們截然不同的方式，實行我們都認可的諸多價值。現代人可能都同意，如果可以的話，最好不要跟父母不喜歡的對象結婚；但大多數西方人也認為，如果父母想阻止我們跟夢想中的男女結婚，追求真愛或許是我們拒不服從的好理由。在《羅密歐與茱麗葉》最精彩的第二幕第二場中，茱麗葉就以放棄名字來形容這個困境，她要羅密歐「否認你的父親，拋棄你的姓名」，還說她也「不願再姓凱普萊特」。

只有你的名字才是我的仇敵；
你不姓蒙太古，仍然是你。
……羅密歐，拋棄你的名字吧，
我願用整個自己，
賠償你那身外的空名。

但孔子肯定會說，茱麗葉談到他們倆與家人的聯繫時，說得好像姓名只是等閒小事，完全忽略了一個更重要的事實：她要撕毀人類之間最有力、最自然的道德紐帶，也就是父母與子女之間與生俱來、無法取消的紐帶。

但這些共同價值的衝突不只存在於不同文化之間，也可能發生在同一個社會——甚至是同一個人的內心之中。德國哲學家黑格爾（Hegel）有句名言，說悲劇不是善與惡之間的鬥爭，而是兩種善之間的衝突。阿迦曼儂身為希臘軍隊的統帥，必須在遠征特洛伊的利益，與對妻女的忠誠之間做出選擇。這種困境是虛構文學的樞索，但我們自己內在價值的分歧，雖然通常沒那麼崇高，卻每天都會發生。

如果有人不知道自己做的事情有錯，卻因此而獲罪，多數人都會同意這樣不公平。許多稅法都極難理解；即使有信譽良好的會計師提供明智的建議，你還是有可能惹上麻煩。如果你沒有繳納足夠的稅金，就會被處以罰款。根據前面提到的原則，這樣當然不公平。但問題在於，這種法律是否有不公平到需要改變。對於這點，人們的看法就大不相同了。畢竟降低稅法的執行成本有其道理，效率也是一種價值。如果你訂了一條的規則，規定人們只要誠信地努力（with good faith effort）依自己所理解的稅法繳稅，就不會被罰款的話，那麼人們一定會湧進法庭，證明自己有誠信地努力完成義務。這樣甚至可能會誘使一些人假裝自己有付出誠信的努力，並在稅法中造成新的道德風險。光是美國的稅法公不公正，就已經足以引起這麼大的爭議，而有些價值衝突的影響更是嚴重。

刑罰就是其中之一。任何人只要有理智，都不會認為懲罰無辜者是好事。但我們都知道，人類的制度並不完美，我們的知識永遠都有可能出錯，陪審團也不可能沒有偏見。所以我們都知道，無辜的人有時也會遭受懲罰。這似乎給了我們放棄刑罰的理由；但我們當然也認為懲罰有罪的人很重要，而最重要的原因，當然是因為我們擔心如果不懲罰這些人，就會有更多人犯罪。儘管我們都想避免不公地懲罰無辜者，但我們也重視其他價值，比如人身和財產的安全、公道、讓犯罪者付出代價等等，而這一長串的價值要如何取得平衡，我們或許就很難形成共識。這也是死刑有這麼多爭議的一個根本原因。美國法學家查爾斯・布萊克（Charles Black）認為，死刑審判無法避免「反覆與錯誤」，而殺害無辜的人是非常嚴重的錯誤，不應該拿這種事情冒險。[8]許多死刑的支持者則認為，懲罰該死的人很重要，重要到我們必須遺憾地承認，我們有時會為此鑄下大錯。在他們看來，沒有正確地懲罰有罪者是更嚴重的錯誤。也就是說，你可以在死刑論戰的雙方找到擁有相同價值觀的人，只是他們對這些價值有不同的權衡。

與陌生人爭執

現在我們已經知道了價值觀有三種分歧：我們可能缺少共同的評價語彙；我們對評價語彙可能有不同的詮釋；我們對同樣的價值可能有不同的權衡。如果參與討論的人來自不同的社會，這些問題似乎又更可能發生。你可能會想，我們在大多數情況下，都跟鄰居有相同的評價語言。雖然評價有本質上可爭議的性質，但分歧照理說會發生在彼此距離更遙遠的人之間，比方說來自世界各地的人，想要對某件事達成一致評價的時候。或許你跟我對於什麼是禮貌，也不是都有共識，但至少我們缺乏共識的都是「禮貌」。其他社會雖然也會有跟「禮貌」一詞大致相似字眼，也會有類似「行止儀表」的概念，但由於這些厚重的評價詞彙和大異其趣的生活方式層層交織，不免會產生另一層差異就算克服這兩點，社會之間還有一種分歧，那就是對各種價值的權衡差異。

在阿拉伯世界，以及中亞、南亞的大部分地區，有不少社會的男人相信，自己的榮譽和姊妹、女兒與妻子的貞操息息相關。雖然西方社會的男人在妻子或女兒被強姦時也會感到羞愧和恥辱，但他們畢竟不是出身於這些一切建立在名譽上的社會，不太可能認為解決方案是懲罰受害的女性。當親戚有所成就，我們自己也會感到與有榮焉，但是當親戚的名聲受損，這種感情也會反過來讓我們感覺到羞恥。然而，現在的西方人顯然不像其他地方的人那麼看重家族名譽。於是你可能會得出結論，認為跨文化的價值對話必然會以分歧告終，甚至擔心這些對話讓衝突更焦灼，而非促進彼此的理解。

但這樣的結論有三個問題：首先，即使我們找不出人人都認同的理由，也能對該怎麼做有所共識。其次，我們誇大了理性論證對於達成價值共識與否的影響力。最後，大多數衝突最初的起因也都不是價值衝突。接下來，我將為這些主張一一提出理由。

第五章

實踐才是核心

◎ 地方共識

◎ 改變心意

◎ 美善之爭

◎ 輸贏

地方共識

聽到這件事應該會讓你覺得安心：阿散蒂人也禁止兄弟姊妹之間，還有父母與子女之間的亂倫，因為這是一種akyiwadeɛ。即使你不接受阿散蒂人的解釋，應該也可以認同這個禁令。畢竟，只要嚇阻竊盜符合我的利益，那麼其他人拒絕偷東西是因為相信黃金律、在乎自己的品格操守，還是因為相信上帝對此不悅，對我其實並沒有那麼重要。前面說過，價值語言能讓人們對思想、行動和感覺產生共同的反應，不過一旦把焦點放在「怎麼做」，想法和感受上的差異就很容易解決。從我們自己的家庭生活就可以知道，對話不需要有共識的原則也能展開。除了沉迷哲學理論的可悲仔，有誰會想在討論要看哪部電影、晚餐吃什麼、幾點上床睡覺以前，都堅持找出彼此同意的原則呢？

真要說起來，不管身為帝國臣民、還是現代國家的公民，我們能否在政治上共存，往往取決於我們在理由上缺乏共識時，能否在實際作為上維持共識。中世紀的西班牙就是這麼在摩爾人的統治下度過無數的歲月，日後在鄂圖曼帝國統治的中東地區，不同教派的猶太人和基督徒也都在穆斯林的統治之下和平生活。這種權宜狀態之所以可行，完全是因為各個社群不必對普世價值達成共識。在十七世紀的荷蘭，差不多是從荷蘭畫家林布蘭那個時候開始，西班牙裔猶太人就逐漸融入荷蘭社會，基督教和猶太社群之間發生了大量的知識和社會交流。但基督教徒接納猶太人，也不是因為他們清楚並贊同猶太人的基本價值。這些宗教寬容的時代或許可以說是早期的多元文化主義實驗，並且再再提醒著我們一個最明顯的事實。

美國人普遍都願意受美國憲法建立的制度，但接受這種治理，並不需要贊同任何特定的主張或價值。《權利法案》告訴我們：「國會不得制定任何確立國教或禁止行使宗教自由的法案……。」然而，就算我們接受了第一修正案對待宗教的方式，也不需要對其背後的價值有所共識。第一修正案的目的就是宗教寬容本身嗎？還是維護新教中個人良知至高無上的信念？這算是發揮謹慎的美德，承認若要強迫每個人都信奉一樣的宗教，只會導致社會內部的紛爭？還是抱持懷疑論，猜想每一種宗教都有正確的地方？而這麼做的目的是為了避免政府受到宗教滲透？或是防止政府自己創造宗教？亦或是同時混合了各種目標，甚至更多目標？

美國法學家凱斯．桑斯坦（Cass Sunstein）曾提出有力的主張，指出我們對憲法的理解是一套「不完全理論化的協議」。[1]舉例來說，人們雖然大多同意國會通過法律禁止建造清真寺是錯的，但對於理由卻沒有完全達成共識。雖然我們對於第一修正案體現了什麼價值沒有共識，多數人談到宗教問題都還是會想到它。不過，還有一些人判斷的依據並不是具體的法律，而是民主精神或穆斯林的平等公民權，而這兩者在憲法中都沒有明文提及。標準答案至今仍未有定論——重點是沒有必要。我們不需要對美善的共同生活有一致的想像，還是可以生活在一起；在大多數時候，我們對於該怎麼做都有共識，沒有共識的只是為什麼這樣做正確。

我不想過分誇大。確實，美國有一些普遍共享的價值能幫助我們和睦相處。但人們能成功地一起生活，肯定不是因為相信一樣的價值理論，或是因為有一套相同的說法，告訴大家如何在各種情境下運用「大家的」價值。每個人都有自己習慣的生活方式，而身邊的鄰居基本上也已經習慣了彼此。只要既定模式沒有遭到嚴重破壞，大家就不會太擔心同胞是否贊同自己的生活方式，或是有關該怎麼生活的理論。大體來說，如果美國人聽說有同胞做了什麼自己不會做的事情，他們的反應基本上都很自由主義：認為這不關自己的事，也不關政府的事。而且，儘管自己和其他同胞其實差異甚大，人們還是會從這種反應裡感受到一種意義重大、屬於彼此的「美國魂」。只是這種共同價值或許沒有我們想像得那麼重要。

改變心意

因此，跨界對話之所以有價值，自然不是因為我們有可能在價值上形成合理的共識。這倒不是說想法和心意不會改變，但如果其他人對評價的根本判斷和我們完全不同，那光靠對話交換各自的理由，是幾乎不可能說服對方的。同樣的道理在事實判斷上也是如此。

畢竟，我們在做出判斷時，很少是靠著經過深思熟慮的原則來思索眼前的事實並推論出答案；我們往往是到了事後，才來合理化自己憑著直覺所做的事，或是為自己靠直覺所定的計畫辯護。很多事情我們會直覺認為正確，只是因為我們已經習慣如此。如果在你生活的社會裡，大家都會打小孩屁股，那你很可能也會打自己的小孩。你會相信這是教他們明辨是非的好方法；儘管體罰帶給他們暫時的痛苦，但他們最終會因此而變得更好。你會指著那些任性的小孩竊竊私語，說他的父母沒有教好——而你的意思是他太少挨打。當然，你也會同意有些人真的打得太用力，或是太頻繁了。因此，你會意識到打小孩有時候也滿殘忍的。

第一章提過的女性生殖器切割習俗也類似這種情況。如果你從小就認為這很理所當然，那麼當你聽說有人認為這是錯誤的，第一時間或許也會驚訝。你會提出支持這種習俗的理由，比如未經切割的性器官不美觀；這項儀式讓年輕人有機會在邁向成年時展現勇氣；你知道他們去參加儀式時有多興奮，而他們回來時又有多自豪。你可能也會覺得，一個沒有經歷過這種事的人，居然認為他了解你的性生活是否愉悅，實在是不可思議。而且，如果有人想要從外部施壓，強行阻止你這麼做，你可能會鐵了心捍衛這種習俗，主張這代表你的文化認同。但這些說法和批評者的論點一樣，很可能都只是在找理由。他們說這叫「殘割」，但這難道不是對陌生習俗的膝反射嗎？他們誇大了醫療風險，還說女性生殖器切割貶低了女性，但似乎不認為男性生殖器切割貶低了男性。

我不是贊同這些習俗，也不是想看這些爭論的熱鬧，不過說實話，很多文化內部和跨文化的討論都不怎麼理性。所以我們承認事實吧：我們所做的大部分事情，都是因為我們習慣這麼做的。你每天早上八點三十分起床，為什麼是這個時間？你的早餐是咖啡配穀片，但為什麼不配稀飯？接著，你送小朋友去學校上課，為什麼你不在家裡教他們呢？然後你又要去上班，為什麼是這份差事，而不是別的活計？我們不會在平常的生活中用上理性思考，不會覺得有必要跟別人交換自己合理化這一切的說詞——只有在快要改變心意的時候，我們才會把理性拿出來用。而讓我們漸漸動搖、改變心意的，往往也不是關於原則的爭辯，或是涉及價值的漫長討論，而是因為看待事物的角度逐漸變多了。

拿我父親來說，他出身於一個男女傳統上都不需要接受割禮的社會；應該說，割禮對他們是一種akyiwadeε，而且因為人們相信酋長是沒有瑕疵的，所以一旦受了割禮，就不能擔任王室職位。儘管如此，我父親還是如他的自傳所述，在青少年時下定決心割掉包皮：

按照那美好時光裡的風俗，阿杜姆（Adum）的年輕女孩會在有月光的晚上聚集到附近的運動場，唱著傳統的歌曲跳起舞，從晚上七點左右開始，直到午夜。

……就是這麼一個夜晚，女孩們突然唱起了一首新歌，徹底嚇壞了我們，不但歌詞極其下流，還明目張膽挑戰了我們的勇氣與男子氣概。不僅如此，歌詞還慫恿我們去違反一項祖先流傳下來，在我們社會裡一直備受重視的的古老傳統，也就是割禮的禁忌。那些歌詞照字面翻譯大概是這樣：

「沒有割禮過的陰莖真噁心，留著包皮的男孩，拿著我們的錢，去割掉你的包皮吧。因為我們是不會跟沒有割的人結婚的呀。」[2]

一開始，我父親和他的朋友認為女孩們只是說說。但他們錯了。於是在跟兄弟們懇談一番後，我父親去找一位穆斯林割禮專家動了手術（他說這是他一生中最痛苦的經歷，如果能重來一次，他一定會忍住。如果割禮是阿肯族人的傳統，他就會得到充分的心理建設，同齡男孩會跟他一起接受割禮，社會也會給他勇敢受苦的名譽；可惜事與願違）。

我父親曾告訴朋友們自己為何這麼決定：「她們是我們未來的戀人和妻子，雖然她們沒有要破壞禁忌接受女性割禮，我們還是應該考慮她們喜歡有割過的男性。」然而這種解釋讓人想到一個問題：為什麼這些身處阿散蒂社會中心的年輕女性，會想要慫恿阿杜姆的年輕男性違反傳統和禁忌？有個可能是，她們不知道為什麼，覺得割包皮是現代化的象徵。如果是這樣的話，我父親的決定了就有一點道理了。他在某些方面確實很傳統。但就像二十世紀初的許多庫馬西人一樣，他也對帶來新音樂、新科技和新可能性的現代世界懷抱嚮往。以他的社會背景來說，會自願接受割禮當然不只是因為聽了同齡女孩唱的歌，也是因為他理解且認同了要求背後的衝動。而且我猜，或許正是因為這件事違反傳統，才會這麼有吸引力，而這也讓我爸徹底斷絕了承接傳統政治職位的可能性，鑄就了他現代化的命運。

阿杜姆年輕人的新時尚，和美國年輕人盛行穿孔紋身的品味變化頗為相似，而且意義更為重大。而這種變化也不是因為理論與爭辯造成的——儘管吵過青少年穿臍環這題的人都知道，爭執的兩邊都講得出一大堆理由。一九五〇年代的喜劇團體「萊里亞與史旺」有一首歌叫〈食人族的抗拒〉（The Reluctant Cannibal），這首歌正好唱出了一些社會心理學的真相；歌裡提到有個年輕的「野蠻人」拍桌離席，說：「我不吃人。吃人是不對的。」他父親就像全天下的老爸一樣，開始搬出一肚子道理：「可是大家自古都在吃人，不然還能吃什麼？如果天神不要我們吃人，人類為什麼要長肉！」但兒子只是一再重複他新找到的信念：吃人是不對的。他非常確信，於是他一遍又一遍地跳針，相信激昂的複誦能贏得勝利。

或者以中國的纏足習俗為例，這種習俗持續了一千年，但只花了一個世代就幾乎根除了。一九一〇、一九二〇年代的放足運動確實讓許多纏足的弊端廣為流傳，但這些對大多數人來說絕不是新聞。真正發揮影響力的，或許是運動者再三強調沒有任何一個國家會做這種事，讓中國在世界上「丟盡面子」。於是天足會紛紛成立，成員們發誓放棄這種習俗，並進一步承諾兒子不會娶纏足的女子。隨著運動發展，纏足的年老婦女遭受無數輕蔑鄙視，還被逼得忍受放足的痛苦。原本的美麗變成了醜陋，婀娜變成了畸形（放足運動的成功無疑是正面的社會發展，但也不是沒有受害者。比如碩果僅存的纏足婦女就幾乎找不到丈夫）。理性無法解釋這種習俗的形成，也不能解釋其廢除。

其他社會趨勢也是如此。早在幾個世代以前，大多數工業化國家的人們，都認為中產階級女性最理想的生涯發展，就是嫁作人婦生兒育女。如果她們有閒暇，可以從事慈善工作或是彼此應答交遊；其中一些人也可能從事藝術，比如寫小說、繪畫、演奏音樂、學習戲劇和舞蹈。但是在「有學問的職業」上，比如律師、醫生、牧師或拉比等業界，女性幾乎沒有立足之地；如果她們有志於學識，也只能教導年輕女性，並且很可能終身未婚。她們不太可能在政壇大放光彩，頂多只能在地方政治上有所發揮。而科學界也不歡迎女性。而我們能脫離那樣的社會，有多少是靠講道理達成的？我想最主要的原因，應該還是我們逐漸習慣了新的生活方式。雖然那些支持保留舊有模式的理由都算不上很好，但如果問題出在性別歧視的理由，那麼婦女運動應該只要幾個禮拜就可以大功告成。然而，就我所知，現在還是有一些人相信，女性最理想的生活就是成家和持家，更有不少人仍覺得這才是正經的選擇。儘管如此，絕大多數西方人如果聽到有人想強迫女性重拾這些角色，還是會瞠目結舌。對於發起婦女運動的女性和支持她們的男性來說，主張和理論很重要，我也承認這一點。但他們最大的成就，其實是改變我們的習慣。在一九五〇年代，如果有位女士念了四年書院①畢業後，想要繼續攻讀法學院或商學院，人們會錯愕地問：「為什麼？」但放到今天，更多人會回問：「什麼為什麼？」

更近一點的例子，是歐洲和北美大部分地區的同性戀。在上個世代，同性戀普遍受到社會排斥，同性之間的性行為在許多地方都是非法的；但現在同性戀伴侶已經愈來愈容易得到家庭、社會和法律的認可。儘管主要宗教團體依然反對，社會上也一直有不滿的聲音，但整體情況確實如此。雙方都提出過許多論點，從哲學推論的角度來看有好的，也有壞的。但如果你問社會科學家，是什麼導致了這種變化，他們絕對不會劈頭就開始講述理由。他們會敘述一大段歷史，最後總結這是某種視角的轉變。「出櫃同性戀」愈來愈常出現在人們的社會生活和媒體裡，逐漸改變了我們的習慣。經歷過去的三十多年後，許多美國人不再緊盯著同性戀私底下的性生活，開始將同性戀視為社會上的一個群體。即便有些人依然厭惡同性性行為，但他們也已經不太會拒絕尊重和關心同性戀者（其中有些人學會了不要太關心別人的性

---

① 一九五〇年代的college主要指提供全人教育、不設研究所的四年制高等學府，多為男女分校，並在學生畢業時授予文學士或理學士學位。也有譯為「文理學院」或「博雅學院」者。

生活，就像我們不會去問父母在床第之間搞些什麼一樣）。

我並不是要否認同志運動一直以來的努力；在運動的每個階段，運動人士都一直在嘗試對話、提供理由，鼓勵人們接受自己的孩子、停止將同性戀視為一種疾病、抵抗不友善的教會，以及勇敢出櫃。儘管如此，如果要用最簡短的一句話概括同志運動為什麼能取得成果，還是人們已經習慣了同性戀。我認為我們應該主動認識其他地方的人，對他們的文明、主張、錯誤、成就懷有好奇心，這並不是因為了解彼此有助於形成共識，而是因為理解彼此有助於我們互相習慣。如果以此為目標，即使人們的價值觀非常容易產生分歧，我們也無須卻步。互相理解固然不容易，但也很有趣，而且這不代表我們非得變得一樣。

美善之爭

即使沒有同樣的核心價值，我們可以和平地共存——也許唯一需要的，就是渴望共存的世界主義價值觀。但反過來說，就算我們有相同的價值觀，也可能陷入衝突。戰爭很少是因為雙方對「美善」（the good）的概念有所衝突才操戈交伐。反而是當兩群人都把同一件事認定為值得追求的美善，才最容易發生衝突。就拿耶路撒冷來說，聖殿山對於以色列人與巴勒斯坦人，特別是對信仰虔誠的穆斯林和猶太人來說，都有著非凡的意義，而這份意義正是以巴衝突的主要病灶之一。問題並不是耶路撒冷對雙方的意義有別，問題恰好就是雙方都心繫此地，而且有部分的理由毫無二致。穆罕默德在創立伊斯蘭教之初，就要他的追隨者朝著耶路撒冷祈禱，這是因為他曾經從住在麥加的猶太人口中了解到耶路撒冷的故事。這並不是偶然（正如我們在第九章會看到的一樣），每個社會中最敵視西方的，往往也是西化最深的群體。**我們的同類，一定是我們的兄弟嗎[2]？**不，除非你想跟該隱做兄弟——我們都知道，攻擊世貿雙子星大樓和五角大廈，造成無數死傷的蓋達組織成員並不是住在沙漠的貝都因人，也不是拽耙扶犁的文盲村夫。

這樣的模式屢見不鮮。在迦納，是誰起先痛斥英國殖民，發起了獨立運動？不是採大蕉、挖木薯的農民，也不是各邦的酋長。而是受過西方教育的資產階級。一九五〇年代，曾

---

② 原文「Mon semblable mon frère?」出自波特萊爾《惡之華》開卷詩〈致讀者〉（Au Lecteur）最後一句：「虛偽的讀者——我的同類、我的兄弟！」

在賓州讀大學並居住過倫敦的克瓦米．恩克魯瑪（Kwame Nkrumah）發起了一場民族運動，運動的核心成員是曾跟著英國軍隊上戰場的士兵、在城裡市場從事荷蘭版畫交易的婦女，在殖民政府建立的產業裡工作的工會成員，以及曾就讀殖民地中學，用英國編寫的教科書學習英語、歷史和地理的「廊下少年」（veranda boy）。而在英屬印度，領導反抗運動的又是誰呢？甘地雖然出生於印度，卻是在英國法院受訓的的南非律師；賈瓦哈拉爾．尼赫魯（Jawaharlal Nehru）身上穿的是倫敦塞維街的西裝，他的女兒也在英國念寄宿學校；而巴基斯坦的國父穆罕默德．阿里．真納（Muhammad Ali Jinnah），也在十九歲就進入了倫敦林肯律師學院並成為律師。

在莎士比亞的《暴風雨》中，普洛斯彼羅占領了一座小島，島上的原住民卡利班剛登場，就向這專橫的殖民者咆哮：「你教了我說話，而這給我的好處，便是懂得怎麼詛咒。」這句話自然而然讓普洛斯彼羅口中「可惡的賤奴」，在世界各地的民族主義文人筆下，成為抵抗殖民的象徵。但他們不只仿效了卡利班，更仿效了莎士比亞。正如普洛斯彼羅對卡利班所說：

那時你這野鬼，
連自己說著什麼也不懂，用世上最猥劣的樣子
胡言亂語，是我開化了你的言詞，
教你的目的讓人聽清。

但殖民主義的影響不只是讓許多當地人學到歐洲的言語，更同時塑造了他們的目標。一九四五年，世界各地的獨立運動風起雲湧，終結了歐洲殖民帝國在非洲和亞洲的統治，而推動這些運動的，正是二戰期間同盟國用以對抗日本與德國的修辭：民主、自由、平等。這不是價值的衝突，而是相同價值下的利益衝突。

而在西方世界也看得到同樣的情況。美國人對墮胎的看法相當分歧，其中有些人的態度十分激烈，並用「支持生命」或「支持選擇」這樣針鋒相對的價值語言彼此交訐、相互斥罪。但這是一場有意義的爭論，因為雙方都同意對方堅持的價值有其意義，爭端來自孰輕孰重。雙方都重視人類生命的神聖性，缺乏共識之處在於人類的生命為何寶貴、胚胎從何時開始算是生命。無論你想怎麼稱呼這些分歧，都不該認為其中一方對爭議所涉及的價值毫無認

識。對生命是如此，對選擇也是一樣：每個美國人都同意，無論是男是女，對自己的身體做出重大醫療抉擇的權利對所有人都很重要。雙方的差異在於有人認為墮胎只跟母親有關，有人認為同時涉及胎兒，還有人認為父親也不可忽略。而且無論是支持哪一邊，任何有理智的人都不會覺得，拯救人命或醫療自主是唯一重要的事情。

有些人可能會想到同性戀的爭議，指出認為同性戀是一種性變態的人，和不這麼認為的人之間確實存在衝突。這難道不就是價值衝突嗎？我得說並不是。對大多數的美國人來說，性變態的概念都是「和不適當的性欲對象發生性行為」。但並不是所有人都認為兩個女人或兩個男人之間的性行為算是性變態。即使認為這樣算是性變態，也不是每個人都認為法律應該禁止。而就算認為法律應該禁止，也未必就覺得社會可以賤斥同性戀。爭執的關鍵依然在於性變態的意義，在於性變態是否屬於一種價值，以及如何對待性變態。而這場爭端也反映了「性變態」其實是個本質上可爭議的價值詞彙。當最高法院已經裁定依據美國憲法，同性性行為不得入罪後，爭議便轉向了同性婚姻，各方探討的議題也變成了性自主、伴侶間親密生活的價值以及家庭的意義，關於性變態的討論也翻了面，變成討論怎樣算是合宜的性行為。

這些衝突會如此激烈，是因為它們都在爭執同一種價值的意義，而不是雙方為了自己獨有的價值而彼此為敵。一部分的原因，是我們眼中的意義本來就很接近，因為爭執這些的人原本就共享著許多相同的價值，在信念、在慣習上也都很相像；也是因為如此，這些爭論才會這麼劇烈，又造成這麼多痛苦。

輸贏

不過美國人這麼激烈地爭論墮胎和同婚爭議，最主要的原因還是因為大家生活在同一個社會，擁有同一個政府，彼此既是鄰人，也是公民同胞。而且爭議中的每個人都要接受法律的治理。而這些爭論的焦點，是每個人的身體，是他們母親、姑姑、阿姨、姊妹、女兒、妻子和朋友的身體，那些死去的胎兒原本也可能成為他們的子女，或是他們子女的朋友。

在談國際人權條約時，我們應該記得，儘管效力不如國內法，條約終究還是法律。當我們試圖把我們對陌生人的關懷放進人權法條中，並敦促我們的政府執行它，我們就是在嘗試改變地球上每個國家的法律體系。我們不僅終結了國內的奴隸制，也在國際法上禁止了奴隸制。在這麼做的同時，我們也等於是在宣示，不論對哪裡的人來說，根除奴隸制都是值得追求的目標。世界各國的中央政府對此都已經沒有異議，沒有誰還打算捍衛奴隸制度。然而根據國際條約，債務勞役（debt bondage）通常也符合奴隸制的定義，但這種制度對南亞某些地方的經濟活動依然十分重要。我絕不支持債務勞役。但如果有人的生活和收入需要依賴這種制度，他們會痛恨反奴隸條約也不令人意外，甚至有少數人可能會捺不住憤恨，對素昧平生的我們暴力相向——遠的不說，在墮胎合法化之後，美國就有少數人把謀殺墮胎醫生的犯人視為英雄。

我對於埃及、阿爾及利亞、伊朗和巴基斯坦的伊斯蘭主義運動中，為何會盛行激烈的反西方言論並不算非常了解。但我知道根源之一，是古人所謂的「女性問題」（querelle des femmes）③。有一些穆斯林，其中不少是年輕男性，感覺到有來自社會外的力量在對他們施壓，要他們改變男人和女人之間的關係；而這股力量往往被視為來自西方世界，或是來自美國。其中一部分壓力是來自我們的媒體：我們的電影和電視節目充滿難以名狀的淫亂；我們的時尚雜誌上有毫無遮掩的女性，他們認為這樣的女性形象出現在伊斯蘭世界的街道上構成了挑釁，也對男性造成了難以抗拒的誘惑。但這些雜誌終究影響著他們自己國家的出版物，強硬地拉著他們走上相同的方向。我們允許女性衣不蔽體地和陌生男性一起游泳；儘管這是我們的生活方式，但這些「行為不端」的資訊終究難免會流傳給穆斯林婦女和兒童，而穆斯林男子也很難完全不受誘惑。隨著網際網路的發達，要遏止這些資訊又變得更加困難，這使得他們的子女，特別是女孩無時不刻受到自由的誘惑。更糟的是在他們看來，我們正試圖把我們對女性和男性行為的觀念強行施加於他們，因為我們戮力推動婦女的權利、簽署條約保障這些權利，並且希望他們的政府執行這些條約。

我當然和每個國家的許多人一樣，都支持這些條約；我相信女人和男人一樣，都應該擁有選舉權、有權在外面工作，她們的身體也應該得到保護，不受男性——包括她們父親、兄弟和丈夫——的虐待。但我也知道，這些自由將會帶來變革，改變男女在日常生活中的權力平衡。我怎麼會知道的？因為我成年後大部分的日子都是在西方度過，親眼見識了這場變革的晚期發展，而我知道這個過程還沒有完成。

---

③ 指文藝復興時期關於「女性是否有和男性相同的理性、能力、道德、信仰地位」之論戰。

美國的現代史確實告訴我們，社會對這些議題的態度，以及更重要的習慣，都可以在短短一個世代內就徹底改變。但歷史也告訴我們，有些人會堅守舊有的態度，改變的過程需要時間。男女之間的關係不是抽象的原則，而是我們日常生活的織錦一隅。我們對其有強烈的感覺，心裡也承襲了許多既有的觀念。最重要的是，我們對性別互動的習慣根深柢固。當男人和女人約會，即便提出邀約的是女方，我們也習慣由男方付錢；當一男一女同時走到電梯門前，男人會退後禮讓。男人和女人在電影院親吻，沒有人會多看一眼。但是兩個男人牽手走在市區，人們卻會感到尷尬。他們會希望自己的孩子不要看到，因為他們不知道該如何解釋。

大多數的美國人反對同性婚姻，為了墮胎爭論不休，也對沙烏地阿拉伯的女性無法取得駕照感到驚愕不解。但我猜如果和二十年前相比，他們對同性婚姻已經沒有那麼反感了。說真的，換作是二十年前，大多數美國人也許只會覺得同性婚姻荒謬可笑。而反過來說，支持同性婚姻的美國人可能也提不出一套簡單的理由。也許對他們來說，這件事就是理所當然地正確，就像反對者認為這件事理所當然錯誤一樣；也或許他們所想像的並非「伴侶」這個抽象的概念，而是「吉姆與約翰」、「珍和簡」這樣具體的一對佳偶。愈年輕的群體愈有可能接受同性婚姻，而不接受的人很可能是因為常上教堂、清真寺或廟宇，頻繁接收到各宗教的反對主張。

我是哲學家，我相信理性。但經過一輩子的大學課堂和研究，我知道就算是最聰明的人，也很難只靠理性就改變想法——就算是在跟情感最無關的領域也是如此。戰後最偉大的科學家約翰．馮紐曼（John von Neumann）很喜歡開玩笑說：「在數學的世界裡，你不會理解事物，只能習慣它們。」而在更遼闊的現實世界，人們甚至不關心自己看起來理不理性。前面說過，我們不太會因為對話就改變想法與感受。而要是我們以為對話的目的是說服他人，並把對話想像成一場有正方和反方在爭奪勝負的辯論，那就會錯得更離譜。正如浮士德所說，一切的起初的往往都是作為[4]，使我們和平共處的也不是原則，而是實踐。跨越國籍、宗教和其他身分界限的對話，都始於我們在閱讀小說、觀看電影，或凝視一件藝術品時的神交之情。因此，我使用「對話」這個詞，指的不僅是單純的交談，也是意指和他人經驗

④ 歌德《浮士德》第七章〈書齋〉的開頭。浮士德起初和路德一樣，將《約翰福音》第一章第一節「太初有道」中的 logos 譯為 Wort，即「言語、概念」，卻又覺得不對，開始脫離翻譯的範疇，闡述起自己對《新約》的理解，最後選擇將 logos 譯為 Tat，即「實踐、作為」。

與思想的交流。之所以強調想像力的作用，是因為這樣的交流只要進行得當，本身就是有價值的。對話並不一定要對任何事物，特別是對價值達成共識，因為對話能夠幫助我們習慣彼此。

第六章

幻想中的陌生人

◎ 等待國王

◎ 回家

◎ 原則是否需要放諸四海皆準？

等待國王

我和母親坐在門廊下。八隻電風扇在高高的天花板上全速轉動，微風穿過拉下的紗簾從花園裡吹來，所以外頭雖是一片燠暑，我們卻不覺得熱。我們面前有塊高台，一張無人的王座立在上頭，扶手和椅腳鑲著拋光的黃銅，椅背和座席上的布料令人聯想到愛馬仕的絲巾。高台的階前有兩排人，其中大部分都是男子。他們坐在凳子上，兩兩相對，衣物纏在胸前，肩膀裸露出來。他們讓出通向王座的路，而在王座周圍，還坐著其他的男人，有些人單肩披著布料，看上去像是羅馬人的托加袍，一望便知地位甚高。但在最高的台階上，還坐著一位年輕男子，他雙肩赤裸，手裡舉著一把羅傘，遮在王座上方。

人們小聲交談著。孔雀在外頭的花園裡尖叫。我們等待著阿散蒂赫內（Asantehene），也就是阿散蒂國王到來。這一天是阿散蒂的星期三節（Awukudae Festival），國王會坐在庫馬西的王座上幾個小時，讓人民來跟他握手、說話和致意。

最後，號角手吹響了公羊號，號聲的旋律告訴我們，我們等待的人來了，號角手唱出他的頭銜克托克赫內（kɔtɔkɔhene），意思是豪豬王，因為豪豬生著許多刺，每一根刺都代表一名準備為王國殺敵和犧牲的勇士。人們肅然起立，直到他在王座上坐下。當我們一坐下，由男子組成的歌隊和著笛聲，唱起歌頌他的歌曲。我聽著奏樂，碰巧對上他的目光，見到他對我微笑。但他大部分的時候都只是淡然地坐在那裡；他才登上王位五年，但卻彷彿這輩子一直都坐在那裡。

根據慣例，他這天會先向皇室成員、前任國王的子女和孫輩問候。他們不會跟他握手，而是上前鞠躬致意；男人會露出雙肩，就像對待阿散蒂所有的酋長一樣。而我們其他人則要在一旁等待。輪到我時，國王的譯官會引見我，然後我會受召上前與他交談幾句。

終於，換我被叫到了名字，譯官介紹我是我父親的兒子，普林斯頓大學的教授，這次帶來了幾瓶荷蘭烈酒（幾百年來，這對西非王室都是很體面的禮物），還有一份禮金（實際上是一百萬塞地，差不多一百美金）。

我走上前去，國王問我美國最近的情況如何。

「不錯。」我說，「您預計何時再次來訪？」

「我近期就會過去，」他告訴我，「我要去拜訪詹姆士·伍芬桑（James Wolfensohn）。」

阿散蒂現在是迦納共和國的一部分，但它曾經是個獨立的王國，而它現任的國王正準備去拜訪世界銀行的總裁。

除了迦納的幾百萬國民以外，這世界上的人對星期三節都很陌生。我的英國表親和美國朋友來的時候，也往往覺得非常新奇；而我們的旅遊業自然也是靠這種反應在經營的。大多數的外地人會覺得星期三節是屬於古老非洲的典禮，而當他們知道這天的第一件事，就是國王會去向他祖先留下那張已經發黑的凳子致意時，臉上的思古之情就會更加篤定。然而當我們在旋轉的扇葉下等待國王時，其實不時會有人接起手機；而在跟我後面上前問候的，則是十幾名代表某保險公司前來的西裝男子。直到其他酋長經過我身邊，向我問起普林斯頓時，我才意識到門廊隔壁的辦公室裡正在討論屬於二十一世紀的議題：二十一世紀孩童的教育需求、愛滋病，還有庫馬西的科技大學。

自古以來，世界上的每個地方都可以看見這樣的儀式，其中許多都跟星期三節一樣，有著數百年的歷史淵源。但如今，每個地方也都和遙遠的彼方有著密切聯繫——華盛頓、莫斯科、墨西哥城、北京都連結在一起。小時候，我們家對面有一棟大房子，裡頭住著好幾個家庭，其中一家有好幾個男孩，而我跟一個年紀差不多的是好朋友。他人現在住在倫敦。他的哥哥曾在我父親臨終時幫忙照顧他，而他現在住在日本，妻子是日本人。他們還有另一個兄弟曾待過西班牙，不過我上次聽說他又跑到美國了。還有一些人現在依然住在庫馬西，另外有一兩個搬去了阿克拉。住在日本的叫作艾迪，他現在幾乎都是講日語，但這也沒辦法。而且他一直不怎麼擅長英語，儘管這是迦納政府和學校的語言。有時候他會打電話給我，這時他總會換成阿散蒂契維語（Asante-Twi）。

多年以來，阿散蒂王宮已經擴建了不少。我小的時候，我們還常常去拜訪前任國王，因為他是我的舅祖父；當時他的王宮還很小，是前前任國王從塞席爾流亡歸來，取回權勢大減的王位時，得到英國人特准所建造的。那棟王宮現在已經成了博物館，和一旁的新宮相比小很了多——那是由他的繼任者，也就是我舅舅建造，也是現任國王的居所。王宮旁有一整排辦公室，緊鄰著我們所坐的走廊，是由現任國王，我舅舅的繼承者所建。英國人，也就是我母親的族人，在二十世紀初征服了阿散蒂；而如今是二十一世紀之初，宮殿已經變回了十九世紀該有的風貌：一個真正的權力中心。迦納總統也來自這個世界。他出生在宮殿對面的街道，是王室奧約克（Oyoko）氏族的成員。但他也屬於其他世界：他曾在牛津大學就讀；他是倫敦四大法學院之一的成員；他是天主教徒，起居室裡有一張他接見教宗的照片。

回家

我在庫馬西長大，但已經超過三十年沒住在迦納了。我跟如今的許多人，跟住在英國的十多萬迦納人一樣，住的地方距離記憶裡的家鄉非常遙遠。但我也跟多數人一樣，時不時會回去拜訪家人朋友。而當我回到那裡，我也覺得自己既屬於當地，又不屬於當地。比如在王宮裡的時候，我很清楚那裡在做什麼，人們也知道我是誰。所以某方面來說，我很融入。我不會不知所措，我知道怎麼做才得體。

另一方面，在庫馬西也有些事情不斷提醒著我，這裡已經不再是我生活的地方了。比如，當地緩慢的步調和不可靠的服務，總會讓我火冒三丈。我媽的電話常常壞掉，而且永遠無法馬上修好，一定要去中央郵局報修，然後等到他們想到有東西在等維修——至於要等多久？可能是好幾天、一個禮拜，甚至兩個禮拜，沒有人說得準。這裡每個人講話都很禮貌，但他們行事的節奏猶如緩慢的鼓聲。而我的感受，就像伊索寓言裡拜訪鄉下表親的城市老鼠。不過說真的，我在紐澤西的家才是鄉下。而且還是在小鎮的郊外，當地在二〇〇〇年人口普查時只有兩千六百九十六個居民。而庫馬西是迦納的第二大城市，人口超過五十萬。市中心是占地超過十二公頃的基耶蒂亞（Kejetia）市場，有數千個攤販在兜售各種商品，從酪梨、自行車和化油器，到山藥和櫛瓜都有，有著西非最大市場的美名。

庫馬西還有一個特色，可能會在每位遊客心裡留下深刻的印象，那就是常碰到有人來討東西。不只是乞丐，還有很多人是身體殘疾，眼盲的老年男女會在看得見的孩子攙扶下來到你的車窗旁，聚在他們身旁的還有拄拐杖的小兒痲痺患者，以及手指被病毒侵蝕的痲瘋病患。就連體面的一般人也會問：「你帶了什麼給我？」或是：「你可以帶我去美國嗎？」又或者：「你回家的時候能寄一隻手錶（或是手機、筆電）給我嗎？」他們也會問你能不能幫忙弄到簽證、機票和工作。而他們之所以會這麼誇大你所擁有的權力和財富，似乎都是因為你生活在工業化的世界。

要理解這些密密麻麻的要求，你必須先了解迦納的生活。迦納人現在的生活依然像兩、三個世紀前一樣，辦事順不順利往往取決於被你是否有關係能夠依靠。要辦事，不管是拿到駕照、護照、建築執照、工作，都需要擁有一點社會地位，或是認識某個有社會地位的人來幫你實現。由於大多數人都沒有這種地位，他們就需要找到某個有地位的人當靠山。在這樣的社會裡，跟某個人要東西，就是邀請他成為你的靠山。這表示你認為他有辦事的能力，也是一種表達尊敬的方式。由此也可以了解一句看似神祕的阿散蒂諺語：

> Obi tan wo a, ɔnsrɛ wo adeɛ.
> 討厭你的人絕不會向你討東西。

羅馬人有一個詞專門用來形容這些依附者：「門客」（clientes）。我們現在說的「客人」一詞，已完全失去了靠山與門客之間互相依賴的意涵了。除了少數最高檔的餐廳和精品店，老闆都把客人當作上帝。相比之下，羅馬就跟過去幾百年的阿散蒂一樣，老闆扮演的是靠山，而門客雖然需要依靠他才有機會出頭，但靠山其實也是在服務他的門客，主客之間必須相互依靠。哲學家常把這種思維歸為黑格爾的創見，他曾在《精神現象學》中提出知名的分析，指出主人之所以為主人，其實亟需仰賴僕人的尊重。但任何一個羅馬人都能告訴你這個道理。詩人賀拉斯（Horace）的《歌集》（*Odes*）第三卷開篇題為〈憎庸眾〉（Odi profanum vulgus），其中有部分就談到了財富和地位的沉重，以及為人靠山的負擔。他覺得一個人要「只渴望足夠的事物」才會安全，不必遭受富人所面臨的損失風險。在前面一點的句子裡，他還提到一群候選人來到羅馬城的廣場上。其中一人來自比較高貴的家族，另一個是聲譽良好的紅人，而關於第三個人，賀拉斯寫道：

Illi turba clientium sit maior
此人的優勢在於門客甚眾

在奧古斯都時代的羅馬城，來依附的人愈多，就愈有資源爭取地位。因為門客能幫你爭取地位，甚至幫你選上公職。

如果你不是庫馬西人，這裡的世界或許就像我說的一樣，雖然繽紛驚奇，卻也怪異而難以理解。這裡的人擔心的事情、參與的計畫，多半都不是你會擔心和參與的。但這不代表庫馬西的人和你，以及住在你那條街上的鄰居相比，真的有無法跨越的分歧。所謂的無法跨越的分歧，是像基督徒經歷「重生」（born again）[1]一樣，有些人站在界線的一邊，有些人站

① 福音派基督教的神學概念，強調人在受洗後仍須經歷精神的重生，而這種重生唯獨來自聖靈，因此採用此概念的派別普遍比較重視靈性體驗。此一概念源自《約翰福音》第十三章：「人若不重生，就不能見神的國。」

在另一邊，但無論你站在哪一邊，對世界的看法都一定和另一邊的人截然不同。庫馬西的五旬宗和其他比較傳統的主流宗派，就存在著這種分歧。更重要的是，即使迦納對你來說很陌生，你還是可以理解它。就算你不知道該怎麼在庫馬西過日子，你還是可以學得會，就像我母親在半個世紀前，從英國搬來這裡的時候一樣。當然，如我的阿散蒂同胞所說：「Ɔmamfrani nnyini kronkron」，外人永遠無法完美融入這裡。如果你像我媽一樣，在三十多歲才搬到一個陌生的地方，從語言開始學起，那確實不可能做到無懈可擊。

可以想像的是，你會擁有一些你實際上並未完全接受的信念。比如說，你雖然不相信把食物擺在那張發黑的凳子上取悅王室的祖先有什麼重要性；但如果你知道阿散蒂人相信先人的靈魂能影響今人生活的好壞，你就會覺得阿散蒂赫內應該獻上供品。朋友和熟人一直來討東西，可能也會讓你有點尷尬；但只要有人跟你解釋過門客與靠山的基本規則，你就能理解他們為何這麼做。

而且，許多日常生活的規矩其實每個人都很熟悉，因為這些規矩完全符合人性。迦納人和世界各地的人一樣，都會做買賣、吃飯、讀報紙、看電影、睡覺、上教堂或是清真寺，我們會笑，會結婚，會戀愛，也會通姦和參加葬禮，當然也會死亡。大多數時候，只要有人幫你翻譯聽不懂的語言，或是解釋一下不熟悉的符號跟習俗，你就能理解他們為什麼要做這些事，跟了解自己的鄰居一樣毫無困擾（或是一樣困擾）。

原則是否需要放諸四海皆準？

為什麼不管哪個地方的人都很容易理解阿散蒂文化？文化心理學家認為，這是因為每個地方的人都有相同的心靈機制。在某種程度上，這個答案還算有道理，但是分析時還是需要小心。無論哪個地方的人都能看到紅、綠、藍三原色。但世界上也有人先天失明，而四色視覺者能夠看到的顏色比其他人多，各種類型的色盲看到的顏色則比其他人少。那麼，人類眼中的色彩能夠放諸四海皆準嗎？世界上任何一個角落都有可能誕生最優秀的音樂家與數學家，但他們大腦有些機制和我們並不相同。歐幾里得幾何學中有一個「驢橋命題」（**pons asinorum**），據說叫這個名字，是因為沒有數學天分的驢蛋都會卡在橋上。你可以用鈴木教學法讓每個小孩在音樂中成長，但終究還是只有很少數的人能把琴拉得跟馬友友一樣。那麼，對數學和音樂的認知能力，算是普世性的天賦嗎？這世界上有親切、富同理心的人，也有不少反社會者和心理變態。那親切和同理心是普世的嗎？並不是每個人都擁有這些特質和能力。但是在每一個夠大的群體中，都會有人具備這些特質和能力；說得更明白一點，這些特質會出現是統計上的常態。

由於這些特質和能力的出現都非常隨機，所以世界上確實有可能出現一個人人都是紅綠色盲的地方。當人類學家、心理學家和語言學家湧向這樣一個地方，就會可能會遇到H．G．威爾斯（H. G. Wells）在小說《盲人國》裡暗示的那樣，發現自己成了弱勢族群。畢竟，很多哺乳動物看不到顏色，日子也過得很好。不過，也許正是因為這種地方不存在，人類每一種語言裡的基本顏色詞彙用法都大同小異。人類學家布倫特．柏林（Brent Berlin）和保羅．凱伊（Paul Kay）在《基本顏色詞彙與其普世性及演變》（*Basic Color Terms: Their Universality and Evolution*）中指出，基本顏色詞彙有一套相當複雜，但跨越文化的模式。基本顏色詞彙指的是構詞中不含其他有意義的詞彙，比如「藍色」就是基本顏色詞彙，但「天藍色」不是。每一種語言的基本顏色詞彙數量雖有不同，但柏林和凱伊認為，證據顯示白色和黑色一定存在，而且要加入其他基本顏色詞彙時，人們總會以紅色、黃色、綠色這樣的順序添加，最多可以有十一種基本顏色。[1]雖然後來的研究並未證實他們說的每一個細節，但人們已經普遍接受這個說法的基本概念。

從描述顏色的語言，能看出一般人通常是如何受到經驗和文化的影響；這些語言代表著我們的視網膜，以及視覺皮質的運作方式，還有學習語言的天賦如何運作。如果有個人成長的房子裡全都是黑色或白色的東西，自己和別人身上的衣服也都是黑白兩色，桌上的食物也都一樣，長大他也就只會認識黑色和白色（當然，還會認識人體各處的顏色名稱）。而要懂得「紫色」這個字眼，你不但需要見過紫色的事物，你的語言裡也要有可用的資源。

跨文化分析指出，某些基本心智特質確實是普世性的，不管在哪裡都很正常。但這些分析同樣指出，有些不常見的特質，比如無法理解他人的自閉症，也廣泛存在每一個人類群體之中。而根據這些特質，以及根據我們的生物本能，文化又帶來了很多差異，但也締造出許多共通之處。這有部分是因為，不管是在人類文化還是在自然世界裡，我們周遭環境的問題都很類似；社會淘選的結果往往跟天擇差不多，終究會得出相同的方案，因為這往往就是最佳方案。人類學家唐納．布朗（Donald Brown）的《人類共性》（*Human Universal*）一書中，有個章節叫作〈普世之人〉（The Universal People），裡頭描述了許多人類共通的特質。跟所有學術研究一樣，書中許多宣稱都遭到其他學者的否定。然而，來自人類共通的生物基礎，乃至於生活中相似的種種經驗，以及我們因為起源相同而相似的文化特質，使得不同社會充滿了許多深刻的共通點。[2]其中有音樂、詩歌、舞蹈、婚姻、葬禮等有形的元素；有像禮貌、好客、節制性欲、慷慨、互惠、解決社會衝突等隱形的價值；也有像善惡、對錯、父母子女、古今未來等抽象的概念。「即便一頭獅子會說話，」維根斯坦曾說，「我們也無法理解牠。」他的意思是，我們能夠理解彼此，全是因為我們共通的人類本質。

但我能夠和中國農村的人建立關係，還有你能夠理解庫馬西、吉隆坡或卡拉馬祖所發生的事，也不僅是因為這些人類共通的本質。即使是兩個素昧平生的普通人，身上也存在著許多超越先天設計的共通性。這些共通性是因為長久以來的旅行和貿易，讓不同社會有了許多實質和象徵性的接觸，並將我們聯繫在一起。世界主義者那種對其他人群的好奇心，不一定是從看見人類本質上的共通點開始的。有時候，我們是從非常個人的共通點開始認識彼此的；不管在哪裡，都會有人著迷於占星術、昆蟲、戰爭史或是芝諾悖論（Zeno's paradoxes）。對這些事物感興趣並非什麼普世性的現象，至少我始終沒有讓三大洲的人們都對芝諾悖論產生興趣。然而，這些興趣確實能夠將不同社會的人連結在一起。

說到這裡，跨文化對話的關鍵應該已經很明顯了，那就是參與對話者之間的共通點。所謂共通點不必是四海通行，只需要是一群人之間的共通點即可。一旦我們找到足夠的共通點，就有可能願意進一步共同探索彼此不同的地方。世界主義者的好奇心最大的意義也在於此。我們可以彼此學習，也可以單純地對不同思維、感受和行為感到好奇。

而這也可以從根本回擊質疑者對世界主義願景最常見的批評。他們說：「你要求我們關心所有人。但我們只關心跟我們相同身分——諸如相同國家、家族、宗教等等身分的人。這種身分認同的心理基礎，是每個群體都有一個相對的外部群體。愛美國在某種程度上，必須憎恨，或者至少厭惡美國的敵人；和睦必定是爭端的產物。而『人類一分子』這個身分認同的問題在於，除非我們和另一個世界開戰，否則就沒有外部群體能產生內部團結所需的能量。」（有些人本主義者會說，其他動物就是一個外部群體。但我認為這並不符合人類心理的運作方式。外部群體必須是人，是有語言、有計畫能力、有文化的生物。）這個反對理由的重點，並不是我們無法對陌生人產生道德關懷，而在於這種關懷很可能非常抽象，缺乏來自共同身分的溫度與力量。在這層意義上，「人類的一分子」確實不能算是一種身分。

暫時假設這一切都是正確的（儘管在第八章末尾，我會解釋這種反對理由其實有著嚴重缺陷）。但所謂跟陌生人來往，其實都是跟具體的陌生人來往，因此共同身分的溫度並不是問題。美國的基督徒會捐款援助南蘇丹受苦的基督徒信友，作家會透過國際筆會為世界各地遭受囚禁的作家爭取自由，瑞典的女性會為南亞婦女的權利奮鬥，印度的旁遮普人也會擔心加拿大和英國旁遮普裔的命運。我也關心某些生活在其他地方的人，因為我讀過他們的哲學著作，欣賞過他們的小說，在電視上看過他們打出精采的網球賽。而你肯定也有一樣的心情，只是細節有所不同。

如果我們是從抽象層次思考如何理解陌生人，那跨文化交流的問題確實會顯得相當難解。但人類學告訴我們，只要陌生人不再是虛構的，而是真實存在、同樣過著人類的社會生活，你也許喜歡或不喜歡對方，也許同意或不同意對方的價值觀，但只要你們雙方願意，終究還是可以理解彼此。

第七章

世界主義與文化污染

◎ 地球村

◎ 不變者

◎「文化帝國主義」的問題

◎ 文化污染萬歲

地球村

抱怨全球化造成文化同質化的人往往沒有意識到，全球化其實也在阻礙同質化。這點在庫馬西就很清楚。這座阿散蒂大區的首府已經和全球市場整合為一，歡迎任何人來感受、了解、體驗。但這並不會讓它變成西方或是英美。它依然是庫馬西，沒有因為變成一座大城市而走向同質化。在這裡有各種族裔的家庭：有英國人、德國人、中國人，也有敘利亞人、黎巴嫩人、布吉納法索人；有來自象牙海岸、奈吉利亞的人，也有人來自印度。當然最多的還是阿散蒂人，他們的祖先已在這裡生活了數百年，但還有許多豪薩人的家庭，他們也已經在這裡生活了好幾個世紀。這座城市有來自迦納各個地區的人，口中講著迦納的數十種語言。儘管庫馬西的居民來歷比過去一、兩百年更五花八門，但早在當時，就已經有世界各地的人在此來來去去。我不知道誰是第一個去麥加朝覲的阿散蒂人，但他肯定是沿著比阿散蒂王國更古老的貿易路線抵達的。長久以來，我的家鄉就藉著黃金、食鹽、可樂果，以及悲哀的奴隸貿易，和整個世界連結在一塊。而有貿易就有旅人。因此，如果你理解中的全球化，是某種最近才出現的新現象，那它並不是造成庫馬西有這麼多族群的原因。

但如果你驅車離開庫馬西，往正確的方向開個三、四十公里後離開主幹道，轉進一條坑坑窪窪的紅泥路，很快就能找到一些相當同質化的村落。那裡的人大多也去過庫馬西，見過城市裡廣大、多元、多語言的世界。但在他們生活的地方，除了公立學校的英語外，就只聽得到一種日常用語，他們身邊只有幾個完全由阿散蒂人組成的家庭，而他們過的也是以種植山藥等傳統作物為主的農耕生活，頂多再種一些像可可這樣十九世紀末才引進當作出口商品的新作物。他們可能有電好用，畢竟他們住得離庫馬西很近。而當人們說到全球化造成的同質化，他們會想到村民家裡的收音機；會想到跟人討論世界盃足球賽、嘻哈音樂，還有拳王穆罕默德．阿里與麥克．泰森；還有可以輕鬆買到健力士啤酒或可口可樂，以及星牌和梅花等迦納自己生產的美味啤酒。但從收音機裡傳出來的，並不會是某種全球通用的語言；而他們最熟悉的足球隊，也是迦納的球隊；還有，你能從某人喝可口可樂這件事看出她的什麼靈魂嗎？跟數百年前相比，這些村莊的確與更多地方產生了連結，但它們的同質性依然是很本土的同質性。

在全球化時代，不管在阿散蒂還是在紐澤西，人們都會組成同質化的社群。這些同質化的社群和一百年前相比，是不是真的都沒那麼獨特了？當然，但主要都是往好的方向改變。

如今有更多人可以拿到有效的藥物，更多人可以取得乾淨的飲水，還有更多人可以上學。缺乏這些一點也不值得高興，而是應該令人感到悲哀。而且，儘管舊有的差異會減少，人們還是會不斷創造出新的差異，像是新的髮型、新的俚語，有時甚至會出現新的宗教。世界的每個村落都不相同，未來也不會一模一樣。

那為什麼住在這些地方的人，有時會覺得自己的身分受到威脅呢？這是因為世界，尤其是他們的世界正在改變，而有些人不喜歡這些改變。全球化經濟的力量將他們種的可可製造成巧克力，銷往世界各地，也塑造了他們如今生活的部分樣貌。如果經濟發生變動，比如可可價格又像一九九〇年代初一樣崩潰，他們或許就不得不尋找新的作物，或是新的生計。這會讓某些人感到不安（但也會讓某些人感到振奮）。同樣地，距離傳教士來到迦納也過了好一段時間，許多村民雖然還保留著古早的的儀式，但都有意成為基督徒。然而，新興的五旬節運動①卻正在挑戰他們所熟悉的教會，並譴責古老儀式都是偶像崇拜。這些改變同樣有人喜歡，有人不喜歡。

不過最重要的改變，還是人與人之間的關係。我父親年輕時，村裡每個男人都會從酋長那得到一塊土地，包括弟弟在內的母族成員都會跟他一起耕種。如果在收穫季需要額外的幫手，他會花錢僱用北方來的季節工。要蓋新房子時，他也要負責組織人力。他還會確保依附他的人都有飯吃、有衣服穿、孩子能夠上學，還有替他們安排婚葬的禮儀和費用。在他身後，田地和這些責任也都將傳給他的某個侄子。

而如今，一切都不一樣了。可可的收購價跟不上生活開銷。汽油漲價又讓作物運費更加昂貴。年輕人必須到城裡、全國甚至全世界尋找新機會。在過去，你可以命令自己的侄子和侄女留下來，而現在他們有權利離開；而且你很可能怎麼樣都無法負擔所有人的溫飽和教育。那個殷實富農的時代已經過去了；曾經這麼安居樂業的人看到原本的生活方式消逝，就跟許多美國農家看著自己的土地被巨型農企業收購一樣，必定會感到悲傷。我們可以同情他們。但我們不能只為了保存「正統文化」，就強迫他們的孩子留下來；我們也不可能永無止境地補貼成千上萬失去經濟價值，僅存一丁點內部同質性的孤島。

---

① 二十世紀出現的一種新教運動，特別著重說方言和其他異能，並認為聖靈的功能是讓人與上帝更接近。「五旬節運動」（Pentecostalism）一名典出《使徒行傳》第二章第一至五節。

我們也不該這麼想。世界主義認為人類的多樣性很重要，因為每個人天生就應當擁有自己所需要的選項，才能和他人攜手塑造共同的生活。約翰・彌爾（John Stuart Mill）在一百多年前所寫的《論自由》中，就討論過多樣性對社會內部的重要性，而對整個世界來說，多樣性也同樣重要：

> 就憑人們有各種各樣的嗜好，便足以構成不該試圖將每個人塑造成一模一樣的理由。然而，不同的人也需要不同的環境，對他們的精神發展方有助益；同一種道德觀無法讓所有人健康地生活，正如相同的大氣與氣候無法供每一種植物生長。能幫助某個人培養出高尚品性的事物，對另一個人來說卻可能是阻礙……。除非生活方式有相應的多樣性，否則人們非但得不到應有的幸福，與生俱來的智慧、德性和美感也無法舒張。[1]

如果說保障各式各樣的生活方式，是為了讓人們有自由、有機會去打造自己的生活，那我們就不該仗著多樣性的名義，把人困在他們渴望逃離的「獨特」生活之中。唯有靠著成員發自內心的效忠，群體才有辦法真正保持和其他群體的差異。

不變者

不過，即使你同意人們不應被迫維護正統的文化習俗，也可能會認為世界主義者應該支持世界各地的「文化保存」運動，以及抵制「文化帝國主義」。但這些口號背後其實有一些奇怪的假設。就拿「文化保存」來說，幫別人維護他們想要保留的藝術是一回事。如果有人喜歡唱也有人喜歡聽威爾士詩歌，那我完全支持威爾士藝術委員會舉辦這種活動。我對庫馬西的迦納國家文化中心也是喜聞樂見，那裡的阿肯族舞蹈和擊鼓課都很有人氣，而且確實深得傳統精髓。我也支持修復老舊劣化的好萊塢老電影，保存古代北歐、漢地與衣索比亞的手稿，記錄、謄寫與分析馬來人、馬賽人和毛利人的口傳敘事文學，這些都屬於人類寶貴的文化遺產。但這種廣義上的「保存**文化**」，跟我要談的「**文化**保存」有所不同。文化保存運動者致力於確保巴布亞紐幾內亞的胡里人（Huli），甚至多倫多的錫克教徒、紐奧良的苗族繼續保持他們「正統」的生活方式。然而，文化要呈現什麼樣貌才叫正統？我們是否應該停止把棒球帽輸入越南，以保證瑤族人會繼續戴著鮮豔的紅帽子嗎？為什麼不問問瑤族人呢？這應該是他們的選擇才對。

文化保存運動者可能會說：「他們根本沒得選擇。我們把廉價的西方服裝傾銷到他們的市場上，讓他們再也買不起以前的絲綢服飾。如果他們可以擁有自己真正想要的東西，仍然會選擇以傳統服飾示人。」這個主張已經不是在強調正統了，而是聲稱人們無法負擔他們真正想做的事情，無法靠這些事展現自己的身分，也無法保護他們所在乎的事情。簡單來說，他們是因為太貧窮而無法過自己希望的生活，而這問題著實戕害著許多社群。但如果問題出在這裡，重點其實是如何幫助他們富裕起來。但如果他們變有錢以後還是喜歡穿T恤，那我想正統文化就要倒大楣了。

不過在現實世界中，這通常不是什麼大問題。只要負擔得起，人們偶爾都會想穿一下傳統服飾。美國的男生參加舞會時會穿上燕尾服。我之前去蘇格蘭婚禮上當伴郎時，新郎也是理所當然穿著格紋裙。（我穿了阿肯族傳統的kɛntɛ袍。安德魯・奧蘭塞帶我們進場還偷偷跟我說：「我們現在都穿著自己部落的標誌。」）在庫馬西，有點錢的人都很喜歡穿kɛntɛ布袍，特別是花紋最「傳統」的樣式；這些以彩色絲線織成的布料，幾百年來都是出產於附近的邦威鎮（Bonwire）（kɛntɛ袍的價格上漲有部分是因為阿散蒂以外的需求也增加不少，使得一件品質優良的kɛntɛ袍價格，早已超過了普通迦納人一年的收入。但這是壞事嗎？對邦威鎮民來說當然不是）。但尋找某種原始、正統的文化，常常都像剝洋蔥一樣，最後什麼都找不到。多數人印象中傳統的西非布料圖案叫作爪哇紋，是從荷蘭人加工販售的爪哇島蠟染布上發展而來的。非洲南方赫雷羅婦女的傳統服飾，則是學自十九世紀的德國傳教士，但因為用色跟路德宗大相逕庭，所以絕不會有人誤認。我們阿散蒂的kɛntɛ布料也差不多，畢竟絲綢一直以來都是歐洲人從亞洲輸入的舶來品。但這些傳統曾經都是某種創新，所以我們應該說它們不傳統，從此拒絕它們嗎？那我們又該回到什麼時代才夠傳統？我們是不是也該譴責庫馬西科技大學的年輕男女，居然像霍華德大學和莫爾豪斯書院[②]一樣在畢業典禮穿著歐洲的學士服，又在胸前掛上kɛntɛ布做的垂布？文化有傳承也有變化，而貫串無數變化中的不變，就是一個社會的內在認同，正如莎士比亞《皆大歡喜》裡賈奎斯所說的一樣，演員雖然都是同一人，但「他的表演可以分為七個時期」。

② 皆為一八九〇年《第二摩利爾法案》後成立的黑人大學，目前仍是非裔美人的熱門選擇。

「文化帝國主義」的問題

文化保存運動者經常大談「文化帝國主義」的邪惡以彰顯自己的正義。而「文化帝國主義」的受害者，未必是曾經被殖民的「土著」。事實上，說起來，最喜歡批判「文化帝國主義」的就是法國人了。他們總是用這個字眼描述法國人喜歡看美國電影、上英文網站的現象（不過倘若有美國人懂得品味法國電影，那眾所周知實在是件值得鼓勵的事情）。說真的，這種說法非常詭異，因為美國既沒有動用軍隊、制裁，也沒有在政治上拔刀亮劍，逼法國接受好萊塢的產品。

當然，這其中確實有些問題值得討論，但是跟帝國主義沒有關係。法國電影產業需要補助，當然有部分是因為講英語的人比講法語的人多，讓美國電影能享有更大的市場（不過這個理由不夠全面，因為英國的電影產業顯然也需要補助）。但不管有什麼難處，法國人還是努力從自己的生活經驗出發，製作了更多法國電影，在戲院裡和美國電影一起上映。他們製作了很多精彩的電影，不但賺到補助，也讓全世界的人體驗到更豐富的文化。如果一切都這麼運作，我們的生活也會更美好。

真正值得擔憂的，其實是美國頻頻利用世界貿易組織等管道，試圖禁止他國提供文化補助的行徑。就算在美國，大多數人也都認為，補助公共電視台的節目完全沒有問題。我們同意讓歌劇團和芭蕾舞團享有免稅地位，各大城市與州政府也都會補助運動場館。在民主國家裡，公民會期望有豐富的公共文化，但每個人都清楚，要支撐起所有的文化活動，不可能只靠自由市場，更不可能只靠自由市場的意識形態。

只不過，承認這點並不代表要接受文化帝國主義論者的世界觀。在他們的眼中，世界基本上是一個被資本主義掌控的體系，可以區分成核心國家和邊陲國家。所謂核心國家就是美國和歐洲各國，這些國家有著許多跨國企業，其中也包括媒體產業的巨頭。這些企業在世界各地兜售電影、電視節目和雜誌的同時，也是在幫資本主義開闢市場。因為它們賣的不只是自家產品，還進一步鼓勵人們消費跨國資本主義生產的各種產品。美國媒體評論家赫伯特・席勒（Herbert Schiller）是最致力批判「媒體／文化帝國主義」（media/cultural imperialism）的知識分子之一，他主張：「核心國家統治階層的意象和文化觀點，形塑和建構了整個體系普遍的意識。」[2]

相信這套說法的人百般強調，雜誌和電視公司高層靠著出售廣告版面，隨意描繪著現實的樣貌。然而這種說法毫無證據；事實上，研究人員曾前往世界各地，調查以色列的阿拉伯裔社群、猶太屯墾區和俄裔社群，還有摩洛哥猶太裔社群及荷蘭人對美國熱門肥皂劇《朱門恩怨》的反應。他們也分析過澳洲、巴西、加拿大、印度和墨西哥等國家的電視節目（在這些地方，電視比電影更深入日常生活）。他們還研究了南非索菲亞鎮的藝術家如何吸收美國的流行文化，並與出身傳統社區的祖魯大學生討論了《我們的日子》、《勇士與美人》等肥皂劇。[3]

結果，研究人員有兩個發現，只是兩個都不怎麼讓人意外。首先，無論是澳洲、巴西、加拿大、印度、墨西哥還是南非人，都跟法國人一樣比較喜歡在地作品，這個現象在小螢幕上又更明顯。像是迦納有一部叫作《奧索佛牧師》（*Osofo Dadzie*）的契維語肥皂劇，每一集都用輕鬆幽默的調性討論當代日常生活中的各種問題，是這十多年來當地人最愛的節目，幾乎每個人都對劇情如數家珍。而墨西哥人對電視小說劇（telenovelas）的熱愛更是無人不知，就連在迦納都看得到粗糙的英語配音版。這些研究證實，人們通常都會喜歡跟自身文化相近的電視節目[4]（儘管好萊塢大片在世界各地的票房表現都非同凡響，但那些美國影評常罵的缺點，像是動作場面太多、優秀的對白太少，某種程度上其實是為了滿足曼谷和柏林等地的市場偏好。若要套用文化帝國主義理論，這或許該說是邊陲國家對帝國的反擊）。

第二個發現，是人們對這些美國作品的反應，取決於他們所處的文化背景。媒體學者賴瑞．史特利茲（Larry Strelitz）曾和來自南非夸祖魯—納塔爾省的學生對談，發現他們並非被動接受這些美國作品。好比說有個叫作西波的學生就說，自己曾經是「典型的祖魯硬漢」，但他後來從美劇《我們的日子》中學到了很多東西，「特別是在人際關係方面」。這部美國肥皂劇讓他領悟到「如果男人可以對女人表達愛意，女人當然也可以做一樣的事」。此外，這部作品也讓西波「意識到我可以對父親有話直說。他應該是我的朋友，而不僅僅是我父親」。雖然還是可能有人會堅持這是跨國資本主義統治部門刻意置入的訊息。

不過，西波還有進一步的看法。他的回答證實了我們一直以來的猜想：文化消費者不是傻瓜，他們也會有所抗拒。他表示：

> 我們的文化認為女性要到二十歲左右才適合進入關係，而西方文化則認為女性在十五、六歲就可以了。我想這並不適合我們的文化⋯⋯。另外，西方人對待老年人的方式，也是我覺得不該引進的文化。我不想看家人被送進養老院。[5]

美國肥皂劇中的「養老院」很安全，裡面的人也都很善良，但西波並沒有因此接受這件事。荷蘭人觀看《朱門恩怨》時並不沒有像文化帝國主義理論說的那樣，羨慕起劇中超級富豪一擲千金的消費方式，反而重新體悟到金錢和權力無法讓人免於悲劇。以色列的阿拉伯裔看了美國影劇，則是更相信被丈夫家暴的女性應該要回家尋求父親庇護。墨西哥的電視小說劇也提醒了納迦的婦女，只要牽扯到性，就絕對不能相信男人。就算電視小說演了相反的劇情，她們也不會相信。

把邊陲國家人民的意識，說成是文化帝國主義的建構，就等於是說西波這些人就像一張張白紙，只能任由全球資本主義的筆尖隨意書寫，變成一個個沒有面貌的消費者。這才是最嚴重的歧視，並且錯得離譜。

文化污染萬歲

很多人抱怨全球化對文化的影響時，都抱著一種對往昔世界的想像，一種既不現實也毫無魅力的想像。要知道這種想像問題何在，我們可以聽聽另一位非洲人的故事。此人名喚泰倫提烏斯（Publius Terentius Afer），後世通稱「泰倫斯」（Terence），出身北非的迦太基，乃奴隸之後，於西元二世紀下半葉被帶往羅馬不久，他的劇作就博得這座城市的文學菁英讚賞；而他機智、優雅的作品，與先前普勞圖斯（Plautus）不那麼文雅的作品，基本上就是如今現存所有的羅馬喜劇。泰倫斯的筆法獨樹一格，他將過去的希臘戲劇引進了當時單調純粹的拉丁語戲劇，並被羅馬文學界稱為「污染」（contamination）——這是個值得我們深思的用詞。在這人們高舉純淨文化的理念，發誓捍衛「正統」阿散蒂或美國家族農場文化的時代，「**污染**」這個徹底相反的概念卻令我深深著迷。泰倫斯很清楚人類充滿多樣性，並寫下了他的觀察：「有這麼多的人，見解又如何會少？」在他的喜劇《自虐者》（*The Self-Tormentor*）中，也有一句台詞可以稱為世界主義者的黃金律：「我也是個人，人的事情怎會與我無關。」（Homo sum: humani nil a me alienum puto）這句台詞出現的橋段也很有意思：本劇主角是好事的農夫克雷默斯，被他辛苦工作的鄰居斥責勿管閒事，但他卻一派輕鬆地答以此言。重點是，這句話並非應當謹慎奉行不敢違悖的誡命，只是對閒言閒語的一種看法。

話又說回來，閒言閒語的起源其實是我們對別人身上瑣碎小事的癡迷；也就是說，八卦跟文學其實是系出同源。而在提倡「文化污染」的人之中，最有說服力的當屬《魔鬼詩篇》

的作者薩爾曼．魯西迪（Salman Rushdie），他常說這本導致伊朗對他下達追殺令的小說是「取材自人性、文化、思想、政治、電影、歌曲等新奇事物之間離奇的化學反應，才誕生出的稱頌駁雜、兼攙與交融之作。它崇尚雜匯，畏懼純淨主義的橫暴。東拉西扯、亂燉一鍋，這個加一點，那個加一點，才能讓世界誕生新的事物。這是大規模移民所賦予世界的無限可能，也是我始終努力擁抱的原則」。[6]然而要創造無限的可能，並不是只能依賴現代的大規模移民。早期的犬儒學派和斯多葛學派也是用他們出身地的思想來污染希臘城邦，對希臘來說，這些人都是異鄉客，但像這樣孤身遷往異地的文化污染源，就是世界主義的鼻祖。許多規模更大、影響更鉅的遷徙，也都不是在現代發生的。亞歷山大東征不僅將埃及到北印度的無數邦國揉合成一個帝國，還創造出全新的雕塑風格；蒙古與蒙兀兒帝國重塑了亞洲的大片土地；班圖大遷徙更是將大半個非洲變成人口密集的土地。伊斯蘭教收服了從摩洛哥到印尼的人心；基督教在耶穌去世後的幾個世紀內，也傳遍了歐亞非三洲；而佛教在這之前的好幾百年，就已經深入了東亞和東南亞各個角落。長年維持龐大流散社群的不只有猶太人，還有更多人的祖先是來自中國各地。絲路上的行商改變了義大利菁英的穿衣風格，而在十五世紀的史瓦希里墓地中，還找得到陪葬的中國陶瓷。我還聽說風笛最早是由埃及人發明，後來才經由羅馬步兵的手傳入蘇格蘭。這些事沒有一件發生在現代。

毫無疑問，就像「純淨」一樣，有人也對「混合」懷抱輕率可議的烏托邦幻想。但人類最自然的作法，其實像泰倫斯這樣的文化污染。無論過去還是現在，我們都不是靠著固守既有的社群，也不是靠著確立同質化的價值觀來維繫家園的。而且「純淨文化」本來就是自相矛盾的說法。我們始終都過著世界主義的生活，時時刻刻受到世界各地的文學、藝術和電影薰陶影響。阿散蒂的村落並不是為了工作，才接收足球、拳王阿里、嘻哈音樂這些來自世界各地的繽紛文化；他們跟你我一樣都是為了享樂。確實，在世界上的某些地方，麥當勞和牛仔褲等西方產品和廠牌的吸引力，是因為它代表了西方和現代化世界。但就算在這些地方，文化意義也不單是由企業總部決定的。每一塊大陸上都有人穿李維斯的牛仔褲，但有些地方視牛仔褲為日常便服，有些地方卻認為牛仔褲非常體面。可口可樂也是暢銷全球的飲料，庫馬西人用它在喪事裡向死者致意，但根據我的經驗，英格蘭西部的人會覺得用加了熱牛奶的印度紅茶比較得體。再怎麼風靡全球的產品，各地的人還是有各自的用法。

合理、可行的世界主義除了尊重差異，也要尊重現實中的人類行為，而最能表達這種情操的話雖然曾是句戲言，但如今已是老生常談。不過，克雷默斯在那之後的台詞也同樣重要，卻很少人記得：「我是向您請教，也能給您忠告。若是您做得不錯，那我自當仿效；若您做得不好，我也應該勸告。」

第八章

誰的文化？

◎ 戰爭贓物

◎ 難解的遺產歸屬

◎ 欲利之而反害之

◎ 有藝術的生活

◎ 當文化成為企業

◎ 全人類的利益

◎ 想像的連結

戰爭贓物

十九世紀的阿散蒂國王就像全天下的每個國王一樣，熱中於蒐集王國內外與世界各地的寶物，以增添自己的榮光。一八七四年，英國將軍加尼特・沃爾斯利爵士在一次「懲罰性的遠征」中摧毀了庫馬西，並授權士兵洗劫阿散蒂王科菲・卡里卡里（Kofi Karikari）的宮殿。幾個月後，雙方簽下了《佛梅納條約》（Treaty of Fomena），阿散蒂被要求支付五萬盎司，接近一點五噸黃金的「賠款」，其中大部分以珠寶和其他王室用品的形式支付。數十年後，童子軍的創辦人勞勃・貝登堡（Robert Baden-Powell）少校再次前往庫馬西，要求新任國王普列姆佩（Prempeh）向英國臣服。貝登堡在《普列姆佩敗亡錄：在阿散蒂與當地徵召兵生活的日記，一八八五—一八九六年》（*The Downfall of Prempeh: A Diary of Life with the Native Levy in Ashanti, 1895–96*）中描述了這次任務。

國王與太后一投降，英國軍隊就進入宮殿，執行貝登堡所謂「蒐集貴重物品與財產的工作」。接著他寫道：

> 沒有比這更有趣、更誘人的工作了。因為我們搜索的宮殿，屬於一個據傳財富無比雄厚的蠻族國王。這份任務最值得強調的一點，是蒐集珍寶的工作由一對英國士兵負責，他們做事誠實而出色，沒有發生任何一起粗暴的掠劫。有人滿手抱著鍍金的刀劍，有人拿著成箱的金飾與金戒，也有人手中的酒箱裡裝著一瓶又一瓶白蘭地，但從頭到尾沒有人露出劫掠的企圖。

這段自吹自擂固然滑稽，但貝登堡顯然認為，在一名英國軍官的命令下清點和拿走這些財寶，是正當的財產轉移。這不叫掠劫，而是蒐集。不久過後，普列姆佩納納就被俘擄，並被流放到開普敦，阿散蒂又支付了更多賠償金。[1]

這樣的故事在世界各地都不稀奇。比利時特爾菲倫的中非皇家博物館在二〇〇一年的「出剛果展」（ExitCongoMuseum）中，就探索了其館藏背後黑暗的一面，也就是比利時殖民剛果的血腥歷史。柏林民族學博物館收藏了許多卓越的約魯巴藝術品，這些館藏大部分都是從利奧·費羅貝尼烏斯（Leo Frobenius）手裡買來的，而這位人類學家取得「收藏」的方式，並不只有自由市場上的交易。

老實說，現代的非洲藝術，甚至多數南半球藝術的市場，多半都是早期殖民帝國掠奪的遺緒。很多貧窮國家即使制定了相關法律，也沒有資源可以執行。位於非洲西部的馬利可以立法禁止挖掘和出口傑內—傑諾（Djenné-Djenno）美妙的雕塑，卻無力執行這項法律。當然，該國也沒有能力資助上千場的考古挖掘。結果，在考古學家羅德里（Roderick）和蘇珊·麥金塔（Susan McIntosh）的團隊發表後，許多精緻的傑內—傑諾赤陶俑依然在一九八〇年代出土，被賣給人在歐洲和北美，懂得欣賞這些作品的收藏家。但由於這些作品是被人非法從遺址中取走，考古學家也失去了深入仔細了解的機會，原本最值得我們探索的古文化細節，現在很可能永遠不會有人知道了。

雖然在考古學家的主導下，美國和馬利政府已經立法防止失竊藝品的走私，傑內—傑諾塑像也大致從公開市場上消失，但根據估計，這期間可能有一千多件文物非法離開馬利——其中有些的估計價值高達數十萬美元。這樣一想也就不難理解，為什麼會有那麼多馬利人願意協助出口他們的「國家遺產」。

當然，現代竊賊的掠奪目標並不限於考古遺址。光是在奈及利亞的博物館，失竊文物和藝術品的價值就已經累積了好幾億美元，而且幾乎都是因為內神通外鬼。奈及利亞國家博物館的前館長艾克波．艾約（Ekpo Eyo）指出了核心的問題：包括蘇富比在內，紐約和倫敦的交易商都不太樂意協助追討這些文物。對於奈及利亞藝術品專家來說，這些收藏品可說是無人不曉，因此對交易商來說，要搞清楚文物的流向應該不用花多少時間。另外，文物和藝術品竊案也不全都發生在第三世界國家，義大利政府也是一大受害者。

考慮到這種狀況，再加上殖民歷史，也難怪有人要大力抗議「文化遺產」（cultural patrimony）的掠奪。[2]經過聯合國教科文組織和其他國際機構的一系列聲明，現代人對許多形式的文化財產（cultural property）歸屬權，已經形成了一個基本觀念：簡單來說，文化財產應該是其所屬文化的財產。如果你屬於該文化，這些作品就是你的文化遺產。如果不是，那這些就不是你的文化遺產。

難解的遺產歸屬

我懷疑「文化遺產」這說法會這麼有力，是因為它混淆了「文化」一詞的兩種主要用法。首先，文化遺產指的是文化器物，比如藝術品、宗教聖物、文獻、工藝品、樂器等等。

「文化」在這裡的意思，是任何人類發揮過創造力來製作，並且賦予了重大意義的東西。而重大意義往往是約定俗成的，無法由個體決定，也很少會放諸四海皆準，因此從這個層面來解釋文化，就需要對其社會和歷史背景有一定程度的了解。但另一方面，「文化遺產」指的又是一個文化的產物，而一個文化，指的是能夠從同一組約定、習俗、慣例中感受到重大意義的同一群人。根據這層意義，器物就是屬於某一個特定的群體，這群人繼承了許久以前的某個身分，也繼承了那些人的遺產。因此，挪威的文化遺產不僅是人類文化的一部分，是整個嘈雜的人類大合唱中的一道歌聲，或者像法國人說的一樣，是挪威人對文明本身的貢獻。更重要的是，挪威的文化遺產是挪威人的一切造物，而挪威人是一直存在於歷史上的一群人；儘管我們其他人可以景仰挪威的遺產，但這份遺產終究屬於他們。

但東西屬於一個民族到底是什麼意思？許多挪威的文化遺產都誕生於現代挪威國家存在之前——這個國家從十四世紀出以來，就一直從屬於丹麥或是瑞典（除了一八一四年那動亂的幾個月以外）[1]，直到一九〇五年才獨立為一個現代意義下的國家。如今的奧斯陸國家博物館裡收藏了許多維京時代的精美金器和鐵器，但當年打造這些器物的人，並不認為他們是同一個國家的居民，而他們各自的國家更沒有從奧斯陸峽灣北行上千英里，直達薩米人牧養馴鹿的凍土。從當時的英雄之歌（saga）中，我們知道他們的身分認同是聯繫在家族和地方上的。如果有人告訴他們，奧拉夫的金杯或索爾芬之劍將來不會再屬於奧拉夫和索爾芬，以及他們的後裔，而是屬於某個國家，他們肯定會震驚無比。希臘人一直向大英博物館追索額爾金石雕（Elgin Marbles）[2]，但雕塑並不是由希臘製作的，而是雅典——當時的希臘還不是一個國家，而雅典是一個擁有數千公民的城邦。奈及利亞人認為諾克文化（Nok）[3]的雕塑是他們的遺產，聲稱這些文物屬於他們的國家；然而，這個國家的疆界只存在不到一個世紀，而諾克文明的作品卻有長達兩千年的歷史，只是當初創造這些的民族已經不在了，我們也根本不知道他們的後裔是誰。我們不知道要求製作諾克雕塑的是國王或平民，也不知道製造者和出資者到底認為他們屬於王國、個人、家族還是神靈。不過我們可以肯定，他們絕不是為奈及利亞製作的。

---

① 指當年七月二十六日爆發的挪威獨立戰爭。兩週後挪威戰敗，被迫加入瑞典和挪威聯合王國。

② 西元前五世紀的雅典雕刻家菲狄亞斯與學徒所創作的一系列大理石浮雕，原藏於帕德嫩神廟和雅典衛城的其他建築。一八〇一年，額爾金伯爵湯瑪斯．布魯斯獲得鄂圖曼帝國的許可，將這些浮雕從希臘運往英國。

③ 西元前五百年左右存在於奈及利亞的鐵器文化，留存許多動物和人物塑像。

說真的，有很多人們希望列為「文化遺產」來保護的東西，創造者都屬於某個早於現代國家體系，如今已經不存在的社會。一個人喪命時，他的身體必定會一同死去。但文化消亡時，原本承載的人未必會跟著滅絕。因此，我們沒有理由認為，諾克人並未留下後裔。但如果說諾克文明終結後，原本的人民有了其他的文化，那這些後裔憑什麼有資格聲討那些埋藏在叢林裡，被遺忘很久很久的器物呢？假使他們真的有這份資格，大部分也都住在今天的奈及利亞，但這跟奈及利亞這個現代國家又有什麼關係？

或許生理上的血源根本就不重要；如果支持奈及利亞聲討文化遺產的人發現諾克雕塑的作者都是閹人，他們也絕對不會因此猶豫。他們可以說，諾克雕塑是在奈及利亞的領土上發現的。一般來說，如果發現有價值的東西，而且沒有人可以證明自己擁有其所有權時，政府便可以決定該如何處置，這是非常合理的財產權規則。同樣合理的是，如果器物具有文化價值，政府就有保存的特殊義務。既然處置權屬於奈及利亞政府，它自然會主張是為了奈及利亞人保存這些器物——儘管大多數奈及利亞人不認為自己是諾克文明的繼承者，他們也可能認為這些藝術品與其他地方的藝術品同樣有意思。但如果器物像諾克雕塑那樣具有文化價值，我認為對政府來說更適當的思維，是想像自己受到全人類的委託。儘管奈及利亞政府能合理擁有受託人的地位，但在最深刻的層次上，諾克雕塑其實是屬於我們所有人的。當然，「屬於」只是隱喻，我要表達的是，諾克雕塑對每個人類都可能很有價值。

一九五四年五月十四日，聯合國教科文組織召開了一次會議，當時通過的《關於武裝衝突情況下保護文化財產的海牙公約》，就在前言裡表達了這個想法：

> 確信對任何民族文化財產的損害亦即對全人類文化遺產的損害，因為每一民族對世界文化皆有其貢獻……

要將這問題定調為全人類的問題，應該清楚表示重點在於文化財產對人類，而不是對民族的價值。體驗和欣賞藝術的不是民族，而是每一個男男女女。一旦理解了這點，就沒有理由認為西班牙的博物館不能，或是不應該保存一隻挪威的高腳杯——只要它是在愛爾蘭海域的維京沉船上打撈出來，並在都柏林的拍賣會上合法取得的。沒錯，這隻高腳杯是世界文化的一部分。但它總得在某個時間位在某個地方。西班牙人難道沒有權利欣賞維京人的工藝品嗎？畢竟，挪威已經擁有了大量的維京器物。根據「文化遺產」的邏輯，這些器物全都應該送回挪威（或者至少應該送回斯堪地那維亞），因為這些是他們的文化遺產。

自從《一九五四年海牙公約》以來，我們已經用各種方式逐漸走上這條路。一九七〇年在巴黎舉行的聯合國教科文組織大會通過了《關於禁止和防止非法進出口文化財產和非法轉讓其所有權的方法公約》。該公約規定：「文化財產實為構成文明和民族文化的一大基本要素，只有盡可能掌握其起源、歷史和傳統背景的知識，才能真正理解其價值。」因此，「各國必須日益認識到其尊重本國及其他所有國家的文化遺產的道義責任」。該公約還進一步規定，一個國家的文化遺產包括「國民的個人或集體天才所創造」和「在國家領土內發現的文化財產」。據此，公約強調了「禁止和防止非法進出口和轉讓文化財產」的重要性。這讓不少國家都宣稱其國內的所有古董都是國家財產，不得自由出口。比如義大利，個別公民雖然可以自由持有「文化財產」，卻不能將其送到國外。[3]

欲利之而反害之

不過律師可能會指出，像維京寶藏和諾克雕塑這樣的器物，還存在另一個特殊的問題，那就是所有權（title）不連續。如果我們不知道一件器物最後的所有人是誰，就需要一條規則來決定現在應該怎麼處理它。而對於這種具有特殊價值、堪稱「世界文化瑰寶」的器物，我們立的規則應該要能保護這件器物，而且只要有人能從欣賞的體驗中獲得益處，就應該讓他們有機會欣賞。所以「無主物先占」的規則，對於意義不那麼重大的東西也許頗為合理，但對於意義重大的器物來說並不適用。不過，明智的制度還是要獎勵發現這類物品的人，並給出誘因讓他們願意報告發現的內容，以及發現的地點和方式。

考古遺址中的器物之所以有價值，通常是因為我們能知道它在何處出土、周圍還有哪些其他物品、它在地下的位置等知識。由於這些器物當前通常已經不歸任何人占有，所以需要有人來規範將其挖掘出來的過程，並決定它們應該去哪裡。如同前面所言，我認為讓所在土地的政府來做決定很合理，但是就器物本身來說，正確的結論顯然不是將其永遠留在原地。現代絕大多數的埃及人都是穆斯林，認為法老信仰是崇拜偶像，但他們依然堅持所有從埃及出口的古董都該屬於他們。然而，就算你支持讓其他國家的人有機會近距離欣賞偉大古文明的遺贈，也不等於你支持拿破崙當年在北非的掠奪。另一個可嘆又諷刺的真相是，我們會失去文化古物的資訊，其中一個原因就是這些旨在保護相關資訊的規範。比如說，如果我在出售一件傑內—傑諾雕像的同時，提出證據證明它是在相關禁令生效後，從某個地點出土的，那麼我就等於是提供了犯罪證據給美國當局，讓他們得以將這件非法出口的文物歸還馬利。

假設從一開始，教科文組織就鼓勵並協助馬利運用授權考古挖掘、培訓專業人員等方式，管理由其託管的傑內—傑諾陶俑，以便人們能謹慎挖掘、鑑定這些器物，並準確記錄其發現地點，這些文物就會因為有了最重要的來源資訊，而變得更有價值，甚至對收藏家來說也是如此。或者，他們也可以要求文物在離開之前必須登記註冊，以及國家博物館若希望保留某件器物，則必須支付其市場價格，而收購基金則可以利用文物出口價格的稅收來維持。用這種制度鼓勵考古挖掘，效果想必不及由經過認證的考古學家執行適當的專業挖掘，而且還是有人會設法規避，但結果多半還是會勝過現行狀況。只是，如果馬利決定為了維護和擴充館藏，應該要拍賣一些目前擁有的文物，那文化遺產論者絕不會認同他們是為了保護國家典藏而投入必要的資源，只會痛斥他們背叛了自己的遺產。

但是，馬利的問題並不是沒有足夠的馬利文物和藝品，而是缺乏足夠的資金。短期來看，停止出口馬利國土上的大量文物藝品，確實能發揮正面的效果，讓馬利保有一些世界級的藏品供馬利人欣賞。但長期來看，這種作法無論在哪裡都行不通，因為貧窮國家的另一個麻煩，就是很難防止有價值的文物從國家典藏中消失，出現在國際拍賣會上。尤其當文物編目不當，價值又是博物館工作人員年薪的好幾倍時，這種事就一定會發生，奈及利亞的狀況正是如此。況且欣賞馬利藝術（確切來說，是古人在當今的馬利領土上製作的藝術）這件事，對馬利人的意義並沒有比對其他人的意義大到哪裡去。儘管體驗並不完美，現在的馬利人已經能用新科技欣賞到全球各地的偉大藝術與文物。教科文組織應該付出更多的努力，讓了不起的文物走進馬利，而不只是阻止文物離開馬利，這樣才能幫助馬利人像其他地方的人一樣，欣賞到世界各地的美學結晶。

有藝術的生活

此外，如果當前所有人是依正當途徑合法取得文物藝品的話，又該怎麼使用「文化遺產」的概念？現在想像你生活在挪威，從一位名叫愛德華．孟克，沒沒無聞的年輕畫家那買了一幅畫。你的朋友覺得這幅畫有點怪，但看久也慢慢習慣它掛在你的客廳了。最後，你把畫留給了女兒。隨著時光流逝，人們的品味改變，這幅畫被認為是一位挪威大藝術家的作品，是挪威文化遺產的一部分。如果這意味著這幅畫其實屬於挪威，那麼照理說挪威政府應該要代表挪威人民，從你女兒手中拿走它。畢竟從文化遺產的觀點來看，這幅畫已經屬於挪威他們的了。再試想你生活在奈及利亞的約魯巴文化中心伊巴丹。一九六〇年代時，你從一個會演戲又會雕刻畫畫，自稱「雙子七七」（Twin Seven Seven）④的全能藝術家那邊買了一件彩繪雕塑，被家人嫌棄亂花錢。但日子久了，他也成了奈及利亞最重要的現代藝術家之一。這件雕塑應該也算是奈及利亞的文化遺產對吧？既然這樣，這就不是你的東西了，奈及利亞政府理所當然該代表奈及利亞人民，把這件雕塑拿走不是嗎？

但實際上，無論是挪威還是奈及利亞，都不會用這種方式行使權力，畢竟挪威和奈及利亞都認同私有財產的觀念（但牽涉到重大文物時，有些國家確實會這麼做）。當然，如果你有意出售，他們也可能會撥資源給一家公共博物館來收購（不過奈及利亞政府可能會判斷有其他財政需求更為迫切）。講到這裡，文化財就跟其他的財產一樣。但假如政府不想付錢，也有其他辦法可以得到這件藝術品。如果你出售了你的藝術品，不論買家的國籍為何，只要他想把作品帶出挪威或奈及利亞，政府就可以拒絕出口。畢竟，國際法就保障了挪威文化遺產留在挪威，奈及利亞文化遺產留在奈及利亞。義大利有一項法律規定，政府可以拒絕任何一位義大利國民擁有，且完成超過五十年的藝術品，即便它是由美國藝術家賈斯珀・瓊斯畫的美國國旗（另外，只是順便說一下，這條法律是墨索里尼統治時期通過的）。由於大多數國家都規定，除了在世藝術家的作品外，重要文化財產出口都需要取得許可，因此真正屬於全人類的文化遺產其實並不多。

這些案例之所以特別麻煩，是因為孟克和雙子七七如果沒有接觸過其他地方的藝術家，沒有受到他們影響的話，就不會成為如今的樣貌。如果文化遺產的根據，是文物藝品屬於賦予其意義的文化，那麼大多數作品根本就不屬於單一國家、單一民族、單一文化。許多最偉大的藝術作品都具有顯著的國際性，或是根本不在乎國家的界限。近世歐洲的藝術要不是宮廷藝術，就是教會藝術；這些藝術不是為了國家或人民創作的，而是為王公或教皇，或者為了彰顯上帝榮耀而創作的，作者也來自歐洲各地。更重要的是，就如畢卡索那句（真實出處不明的）名言：「優秀的藝術家抄襲，偉大的藝術家剽竊；每個大藝術家都是從世界各地竊

---

④ 本名 Taiwo Olaniyi Oyewale-Toyeje Oyelale Osuntoki，由於他是家中七對雙胞胎裡唯一活下來的，因此後來改名「Ibeji Meje-Meje」紀念此事，並將約魯巴語直譯為英文當作藝名。

取靈感。」畢卡索本人是西班牙人，但法國藝術家馬諦斯在美國作家葛楚·史坦家展示，由剛果人維利（Vili）製作的非洲雕塑對畢卡索影響匪淺，那畢卡索是不是也該算是剛果共和國文化遺產的一部分？

在我前面引用的《一九五四年海牙公約》的序言中，就已經存在著這個問題：「……**每一民族**對世界文化皆有其貢獻。」這聽起來就像是，只要有人做出貢獻，他或她的「民族」也做出了貢獻。但是在我看來，把印度教神廟的雕塑，或是米開朗基羅和拉斐爾為梵蒂岡創作的壁畫，當作是一個民族而非創作者和出資者的貢獻，實在有點奇怪。我知道米開朗基羅對世界文化有所貢獻，因為我曾崇敬地凝視過西斯汀禮拜堂的穹頂。我也同意出資贊助的儒略二世、良十世、克萊孟八世和保祿三世等人有一份功勞。但到底是哪個民族做出了貢獻？是教宗國的人民、米開朗基羅家鄉卡普雷塞的居民，還是義大利人？

很顯然，這種思考方式錯了。正確的方式不是從國家民族出發，而是從世界主義出發，探問對於這些意義非凡的器物，應該建立怎樣的國際規則體系，才能顧及各種正當的人性利益（human interest）。許多雕塑和繪畫會存在、會有人創作、有人購買，都是為了讓更多人一起欣賞，進入人們的生活。生活中有藝術，對我們每個人都很有益，而且這種益處並不只來源於我們所屬「民族」的藝術。如果某件器物有了更廣大的意義，比如說它是某位大藝術家作品集的一部分，那麼其他人就能從欣賞的體驗和相關研究所提煉的知識中，獲得更實質的利益。由於器物作為私人財產的價值，並不能完全體現作品的美學價值。因此，你可能會認為要給人們更多分享作品的誘因。美國就設計了很多這類誘因，比如將畫作捐給博物館可以抵稅；而將文物出借給展覽也能博得社會聲望，因為展櫃上會標註你的名字。最後，如果這件文物或藝品是件傑作，你也可以在拍賣會上賺到一筆不錯的收入，同時讓好奇的人一窺其真面目，並將你原本享受到的快樂傳給新的收藏者。如果用這些方式和其他人分享藝術是件好事，為什麼要讓國界阻礙我們分享呢？

你也許會想知道，從世界主義的精神來看，最偉大的藝術是否都應該由國家信託管理，並藉由巡迴展覽、書籍和網路廣泛分享，讓更多人能夠欣賞。當然，利用展覽、書籍和網站都很有道理。但我們沒有好理由認為，每一件重要藝術品都歸公共所有，會是最理想的結果。許多當代藝術——不只是繪畫，還有概念藝術、聲音雕塑（sound sculpture）等等，都是為了博物館而創作、為了公開展示而設計的。但繪畫、攝影和雕塑都已經成為無數人生活中很基本的存在，無論這些作品是在哪裡創作的、由誰構想出來的。把了不起的藝術想得這麼重要，不允許任何人將其留在自己的生活中，真的是明智的觀念嗎？

當文化成為企業

「文化財產」的議題雖然是針對帝國主義，但本身也很有帝國主義傾向。近年來有很多人呼籲我們更進一步思考集體智慧財產權要如何運作。這個倡議引起了一些人類學家和法律專家的關注，也得到了原住民族群代言人的支持。比如泛阿帕契回歸高峰會（Inter-Apache Summit on Repatriation）就宣稱部落對「所有圖像、文字、祭儀、音樂、歌曲、故事、符號、信仰、習俗、思想與其他物質性和精神性之器物及概念」有專用權。一九九四年開始，聯合國內部團體發表的《聯合國原住民族權利宣言草稿》中，就斷定各地原住民「維持、保護和發展其文化之過去、現在和未來表現形式」的權利，包括「手工藝品、圖案設計、典禮儀式、技術、視覺和表演藝術和文學作品的權利，對於過去未獲得他們自由知情同意，違反其法律、傳統和習俗而拿走的文化、智慧、宗教和精神財產，也有歸復的權利」。世界智慧財產權組織也成立了一個委員會，探討如何用法律保護民間譚的表達形式。〈瑪塔圖阿宣言〉（Mataatua Declaration）中也提出要拓寬「文化和智慧財產制度」，因為「原住民是其傳統知識的守護者，有權保護和控制這些知識的傳播」，而《朱拉因博原住民智慧財產權聲明》（Julayinbul Statement on Indigenous Intellectual Property Rights）中則宣稱：「在原住民普通法中，原住民智慧財產權是一項不可轉讓、撤銷或剝奪的固有權利。」人類學家邁可．布朗（Michael F. Brown）在討論這些發展時，提出了非常精闢的觀察：「如果原住民的智慧可以被視為某種集體、永恆的事物，而非反映人類生命有限的個體創作，那麼西方資本主義思想裡以占有為基礎的個人主義，也應該被某種永久的版權所取代。」[4]

當我們討論的對象，從有形文物轉向智慧財產時，就不只是具體的特定物品要受到規範，而是一切能夠複製再生的形象，都必須由文化遺產的所有人來規範。理論上來說，這會讓我們必須歸還想法和經驗。那些塞內加爾和南印度某些地區仍有吟遊詩人在傳唱的史詩，也一樣會受到保護，未經許可不得複製。各種代代相傳的曲調和節律也會受到保護。布朗曾以新墨西哥州的齊亞培布羅（Zia Pueblo）為例，該地居民曾因為州政府在牌照和旗幟上用了齊亞太陽符號，向州政府索賠。後來新墨西哥州雖然沒有支付賠償金，但發表了正式的道歉聲明。而如果爭議涉及到某個群體的儀式祕密，事情又會變得更加複雜。

這些現象似乎都是從「文化遺產」的邏輯中延伸出來的。但是將炫目閃亮的智慧財產權保護措施，套用到傳統的習俗上時，反而會無可挽回地損害原本想要保護的性質。因為實行這種保護需要先揮刀分割，將文化區分成無數「你的」和「我的」。而由於生活文化不可避免會交錯混血，我實在很懷疑這種作法能走多遠——雖然我們還是不要嘗試的好。首先，光從當代文化中的軟體、故事、歌曲等作品來看，智慧財產權的表現就不怎麼樣。法律往往過於關注產權所有人的利益，忽略觀眾、讀者、聽眾、閱聽人的利益，而所謂的「產權所有人」往往也不是作者，而是企業。文化遺產論談到最後，就是擁抱那種超嚴格的財產權學說，即美國法律學者勞倫斯・雷席格（Lawrence Lessig）批判的「智財權基本教義」（property fundamentalism），也就是變成像迪士尼這種處心積慮要永遠占有米老鼠的智慧財產權鐵公雞。[5]文化遺產的提倡者只不過是把企業換成了文化群體。他們打著正統文化的旗幟，致力於將這種西方和現代特有的所有權觀念，推向地球的每一個角落。在他們預想的文化地圖上，除了迪士尼和可口可樂，四處割據的還有阿散蒂公司、納瓦霍公司、毛利公司以及挪威公司——一切權利都將由它們保留（All rights reserved）。

全人類的利益

詮釋文化財產的概念時，絕不能忘記律師的基本常識：「財產」基本上是一種由法律所創造的制度，而設計法律時最好的思考方式，應該是怎麼做才能促進歸其管轄者的人性利益。如果我們要談的是國際法，那麼受管轄的就是全人類，涉及的也就是全人類的人性利益。儘管聽起來也許很自私，但我認為大英博物館聲稱自己是世界遺產的聖殿其實非常正確。不過，他們也有一部分的責任是運用巡迴展覽、出版物和全球資訊網，讓更多人能欣賞他們的館藏，而不是僅限於倫敦。

我們很容易忽視世界上的其他受眾。法學家約翰・亨利・梅麗曼（John Henry Merryman）曾舉過很多例子，指出文化財產相關的法律和條約為什麼跟世界主義的願景扞格不入（雖然他用的是「國際主義」（internationalism）這個字眼）。「任何文化國際主義者都會反對將瑪雅遺址上的巨型雕塑移走，因為無論整個過程是非法，還是合法卻能力不足，都有可能導致有形損失、破壞藝術完整性或文化資訊遺漏。」他接著寫道，「不過，文化國際主義者倒有可能希望墨西哥將其據稱為數龐大，卻閒置未利用的恰克莫雕像（Chac-Mool）⑤、陶器和其他物品出售、交換或出借外國收藏家及博物館。」儘管我們常會譴責小偷從義大利教堂中竊取畫作，但「如果一幅畫因缺乏維護資源而在教堂中朽爛，那由牧師出售以籌措經費修繕屋頂，並希望買方能夠提供作品所需的照料，那麼問題就變得不一樣了」。[6]

因此，雖然我會惋惜奈及利亞博物館和馬利考古遺址遭竊，也會為阿散蒂當年遭遇的帝國主義掠奪感到難過，但這是因為在這些案例中，遭到踐踏的財產權來自我認為合理的法律。我並不同意每件文物都應該「回家」。如今位在歐洲、美洲和日本的阿散蒂藝術品，有很多都是花錢購買或受人相贈的，按照當時通行的法律，出售或贈送者確實有這種權利，而且這些法律完全合理。一般來說，別人送給你的禮物就是你的，就算他的後代覺得那件東西很重要，所有權也不會理所當然歸他（更不該因為某個位在巴黎的組織宣稱那是別人的「遺產」，就把東西還給根本不想要的人）。將古文物贈還或賣還給製作者的後代確實是件美談，但絕對不是義務，自己珍惜地保存起來同樣是對其來源文化的尊重。而且，由於文化財產對每個人都有價值，我們也可以合理堅持在歸還文物前，應當確認對方有能力接受管理委託；因為把文物還給未必有餘力撥預算給博物館的貧窮國家，很可能只會導致文物衰敗。如果我是一個貧窮社群的顧問，聽到他們強烈要求歸還大量的儀式器物，我可能會建議他們考慮，是否能把其中一部分留在別的國家，讓他們尊重地展示；這麼做也許不只能促進世界主義冀求的跨文化理解，還能將這些器物保留給未來的世代。

當然，也有一些狀況是要歸還才合理的，但這些狀況都不需要用到文化遺產的概念，反而更適合從美學來切入。比如說，有些文物一旦回到當初被奪走的地點，整件作品的意義就會更深刻、更豐富；而有些藝術品更是屬於特定的地點。另外，有些文物則是歐洲在殖民擴張的過程中，合法從世界各地人們手中獲得，但這些器物在當代深具儀式性的意義。如果一件器物對共同體的文化或宗教生活至關重要，那麼將其歸還就符合人本精神。這些共同體幾乎都不會是國家級的共同體，但它們所在的國家也許會理所當然地在歸還談判中代表他們。只是要解決這些狀況，必定不會有統一的方案，因為一件作品是否屬於特定地點往往相當模糊，外人也很難判斷一件物品對於共同體的宗教生活是否至關重要。因此國內和國際法，或

⑤ 中美洲古文明常見的一種石像，在瑪雅與阿茲特克文化中均可見。其形制為仰臥在地，以肘撐起上半身，頭部朝左或右轉九十度的大型人像，且胸前會有一個碗狀容器。一般認為恰克莫象徵死去的武士，並與活人獻祭有關。

許都不是最佳的解決方針。

當然，如果文物是從史上有名的人物手中奪取而來，那就沒這麼難釐清了；也是因為這樣，阿散蒂國王的後裔一直想討回當年被奪走的珍寶。老實說，身為一個庫馬西人，我確實很高興英國歸還了當年奪取的部分文物，讓在地人和觀光客能在王宮博物館欣賞更豐富的典藏（感謝查爾斯王子）。但是，我還是認為我們不該要求歸還一切，即便是遭竊的文物也一樣——說真的，我們一點機會也沒有。我相信阿散蒂一定有句諺語會告訴我們，別把時間浪費在無緣的事物上。

不過我這麼想還有一個更重要的原因，就是我希望歐洲的博物館能夠展出他們在我祖父年輕掠奪的那個社會是多麼富有。比起阿散蒂歷史上有哪些器物的意義最為重大、哪些文物在曼西亞王宮（Manhyia Palace）的博物館展出最有意義，我更希望我們的談判能網羅世界各地的文物和藝品。因為最諷刺的，其實是庫馬西在一八七四年遭受的洗劫非常有世界主義精神。當年加尼特．沃爾斯利爵士準備掠奪和炸毀位在庫馬西市中心以岩石砌成的阿班宮（Aban）時，允許了歐美各國的記者在現場報導。英國《每日電訊報》寫道：「這裡應當稱作博物館，因為裡面都是君王所收藏的藝品。」倫敦《泰晤士報》的溫伍德．雷德則描述阿班宮的每一個房間「都是一間極致的古玩店，……有各種語言的書籍、波希米亞的玻璃、時鐘、銀器、古董家具、波斯地毯，基德民斯特地毯（Kidderminster），圖畫與雕版，無數的寶箱與金庫，……還有許多摩爾人和阿散蒂人的手工藝品。」《紐約先驅報》則補充：「阿拉伯打造的匕首與彎刀、大馬士革床簾和床罩、英國雕版畫、紳士的肖像畫、西印度士兵的舊制服、黃銅雷筒、印刷畫報——其中還有一份一八四三年十月十七日的倫敦《泰晤士報》。」

但阿班宮裡很多珍寶一定也是戰利品，所以我們無須對這件事太過感傷。儘管如此，庫馬西還是要花很久的時間，才能建立同時囊括我們自己的物質文化，和其他地方文物的豐富館藏，並與當年沃爾斯利爵士和貝登堡少校所摧毀的收藏媲美。阿班宮於一八二二年落成，是阿散蒂赫內奧塞·邦蘇（Osei Bonsu）的重要成就，而他的動機，顯然是因為曾經聽說過大英博物館的事蹟，並且印象深刻。[7]

想像的連結

我們說過，世界主義起於對人類的根本關懷，因此我們理解將這些文物「帶回家」的衝動。我們也感受得到德國猶太裔哲學家華特‧班雅明（Walter Benjamin）所謂的藝術「靈光」（aura），這種光輝來自藝術品的獨特性和唯一性。班雅明注意到，在這機械複製的時代，雖然我們可以優秀地仿造任何作品，但原作的價值反而只增不減。現在要製作一幅《蒙娜麗莎》的複製品相當容易，而且品質和羅浮宮裡欣賞到的真品一樣，根本無法區別其中差異，但只有原作會散發靈光，因為只有它上面留著達文西的手澤。這也是為什麼每年有數百萬人可以用機票錢買一幅優秀的複製品，卻還是要飛去羅浮宮，因為他們想要的是沐浴靈光。靈光是一種魔法，而每個民族從自身歷史所感受到的，也是一樣的魔法。當一個挪威人把古代北歐人當成自己的祖先，她不只會想知道當時的劍長什麼樣子，還會想接近一把真正的劍，一把曾在戰場上揮舞過、一把由真正的鑄劍師打造的古劍。奈及利亞南部那些貝南王國後人，也會憧憬祖先曾鑄造、塑形、碰觸、驚歎的青銅器。即使我們不讓他們觸摸，他們仍會渴望從那件器物上感受那股驚歎。人們會從象徵意義上屬於自己的文化器物感受到一股連結，因為這件器物是他們祖先打造的意義世界中誕生的。這種情感應該得到承認，不過世界主義提醒我們，世界上還存在其他的連結。

在關於文化遺產的討論中，有一種人與人之間的連結經常遭到忽略，因為這種連結沒有依據身分，反而忽視了人與人的差異。但其實，就算是跟我們身分無關的藝術，我們也會有所反應；而且硬要說的話，我們還必須超越「我們」的疆界，直面藝術本身，才會真正被「我們」的藝術感動。忽略人類之間的相似既不明智也不誠實，建造萬里長城、克萊斯勒大廈、西斯汀禮拜堂的人都是我的同胞，是跟我一樣的人類，只不過我沒有他們的技能，而我的想像力縈繞在不一樣的夢想之上。但我們確實也有那樣的潛力。地方認同帶來的連結，就跟人性產生的連結一樣，都只存在想像之中。奈及利亞人和貝南青銅器之間的連結，和我跟那些文物之間的連結一樣，都是從想像之中誕生的；但這種連結並不是虛無的，反而是我們這輩子所有連結中最真切的。

第九章

惡性世界主義

◎ 無國界的信仰

◎ 普世性間的競爭

◎ 薩菲家的開齋節

◎ 社會裡的小群體

無國界的信仰

有一群人相信，人性尊嚴是跨越國界的，並認真活出這種信念。這些人遍布在不同的國家、說著不同的語言。身為最堅貞的全球主義者（globalist），他們充分利用了全球資訊網，抵制著現代西方社會庸俗的消費主義，並在世界各地日益擴張影響力。但這些人也奮力圍堵狹隘的民族主義誘惑自己出身的國家。他們絕不會為特定的國家作戰，但他們願意加入行動，阻止任何一個國家妨礙普世性的正義。他們拒絕所有對地方、對傳統，甚至對家庭的忠誠。他們反對這些忠誠，是因為這些忠誠妨礙了世上唯一重要的目標：打造成一個由開明男女組成、遍布全世界的共同體。這也是他們拒絕傳統宗教權威的原因（當然，他們也不認同宗教的因循怠惰和蒙昧守舊）。這並不是因為他們反對宗教；他們也有強烈的信仰，只是他們的信仰十分簡單、直接、清晰。有時，他們也會痛苦尋問世界的罪惡是否真能扭轉，或者自己的奮鬥是否終歸絕望。但大多數時候，他們都在努力奮戰，想要讓世界變得更美好。

他們不是犬儒學派遺留的世界主義祕教徒，儘管同樣不願效忠地方和遵奉習俗的犬儒學者們，確實也心懷某種全球性的大願。但我說的這些人想要建立的共同體並不是一座城邦，而是「烏瑪」（ummah）①，信徒的共同體，並開放所有信仰相同的人加入。這些年輕人是全球主義的穆斯林基本教義派，他們為蓋達組織招募新兵。

雖然他們有一部分是美國人，但他們對信徒與非信徒的區別，對美國人來說卻很陌生。這個新全球主義烏瑪相信，很多一般意義上的穆斯林都脫離了他們所屬的共同體，亟需回歸真正的信仰；儘管他們都自稱穆斯林、宣稱真主獨一、相信穆罕默德是先知、每天向麥加禱告、遵守天課，甚至曾去朝覲。烏瑪成員認為，自己已經回歸了伊斯蘭教的根本教義，而世上許多被視為屬於伊斯蘭教的事物，其實都是虛假的。法國學者奧利維耶・赫瓦（Olivier Roy）將他對這個現象觀察寫成了《全球化的伊斯蘭》（*Globalized Islam*），其中就有這麼一段精采描寫：

① 阿拉伯語的「民族」、「共同體」之義，但跟以共同祖先、地理出身維基礎的「薩本」（Sha'b）不同，烏瑪是以穆斯林信仰為基礎；因此理論上，所有穆斯林都屬於同一個「民族」。

誠然，伊斯蘭教在定義上是普世性的，但在穆聖與薩拉夫（Salaf）[②]的時代過後，該宗教就始終植根在特定的文化裡。而這些文化在現在看來，只是歷史的產物，加上各種外來影響、偏好與積習的產物。對基本教義派和某些自由派來說，這些文化並沒有什麼好自豪的，因為它們已經扭曲了伊斯蘭教最初始、最純淨的訊息。全球化提供了絕佳的機會，讓伊斯蘭教可以跟任何特定的文化脫鉤，並提供一個有機會超越任何文化的模型。[1]

像這樣抗拒傳統宗教權威，依賴自己對《古蘭經》的詮釋、自己所相信的「傳統」，跟美國的基督教基本教義派其實非常相似；後者也拒絕讓教會和神學介入信徒與《聖經》的關係，認為應該獨尊《聖經》為話語權威。赫瓦將這些新一代的基本教義派穆斯林稱為「新基要派」（neofundamentalist），他們往往以英文溝通，因為其成員遍布世界，有人出身歐洲，有人住在北美，而這些地方都不通阿拉伯語，但是受過教育的埃及、巴基斯坦和馬來西亞人普遍都能用英語溝通（因此，他們也跟多數基督教基本教義派一樣，完全不諳經文原本用的語言）。伊斯蘭教大部分關於信徒與非信徒的理論，都是數百年來穆斯林國家為了應對國內非穆斯林少數群體而發展出來的；然而如今卻有三分之一的穆斯林生活在穆斯林才是少數群體的國家。對此，赫瓦總結道，穆斯林全球主義會誕生，有部分是為了回應穆斯林身為少數群體的經驗。

這些人可能是阿爾及利亞移民的法國子女，或者是孟加拉和巴基斯坦移民的英國後裔；他們可能來自土耳其、沙烏地阿拉伯、蘇丹、桑吉巴島或馬來西亞。對他們來說，伊斯蘭教基本上只是日常生活中的一種信仰、規則（包括念拜、齋戒、天課和朝覲，還有吃清真肉和避免飲酒），以及對潔淨、謙遜等價值的持守。新基要派可能也會討論穆斯林文化，但他們大致上還是拒絕了那些跟祖先生活環境分不開的文化，並像赫瓦說的一樣，懷疑那些「只是歷史的產物」。他們接受了一種和生活方式息息相關的宗教，卻幾乎揚棄了這種生活方式。因此他們自然也會摒棄國族忠誠和文化傳統。

不過，這些年輕的基本教義派大多數也不太會對他人造成威脅，我們也不該把他們跟另一種赫瓦口中的「激進新基要派分子」（radical neofundamentalist）混為一談，因為這些

② 意為「虔誠的祖先」，指「穆罕穆德的同伴、追隨者與追隨者的追隨者」這最初三代穆斯林。

人想把神聖的「吉哈德」（jihad）解釋成對西方發動聖戰，並將之轉變成伊斯蘭教的「第六功」。但不少基要派對恐怖主義和暴力其實萬分厭惡，完全是賓拉登（Osama bin Ladin）的對立面。是否支持使用暴力是一個政治決定，就算有宗教性的辯護理由，支持暴力與否終究是個政治決斷。事實上，赫瓦認為聖戰的失敗——賓拉登的失敗，反而讓許多基要派選擇走上呼喚之道「達瓦」（dawa），以講道、規誡、勸導和身教，吸引非信徒和離教者回歸正確的信仰。

伊斯蘭教的現狀，特別是非穆斯林國家的現狀，和基督教在另一邊廂所經歷的類似現象彼此呼應。赫瓦觀察到兩者同樣「追求超越文化和國家的普世共同體」，且兩者都存在「宗教個人化的趨勢」。[2] 身為少數群體，如果想在有宗教自由的民主共和國融入當地政治和社會，這種新型的個人化伊斯蘭信仰絕對有必要，因為天主教或新教的基本教義派也是這麼來的。

無論是否支持暴力，新基要派最大的特點，就是他們展現了另一種普世倫理的可能性，而這種普世倫理和我們這裡所討論的世界主義可謂是南轅北轍。我們都知道，缺乏寬容的普遍主義很容易走向殺戮，因為歐洲打了好幾百年的宗教戰爭就是這麼一回事。法國曾因為堅持「一個國王，一個信仰，一個法律」的普世原則，導致血腥的胡格諾戰爭席捲全國長達四十年，直到亨利四世在一五九八年頒布《南特敕令》，允許國內新教徒自由選擇信仰後，法蘭西才脫離戰爭的陰影。後來的三十年戰爭也摧毀了中歐，奧地利到瑞典之間的新教與天主教王侯彼此廝殺，日耳曼有數十萬人命喪戰場；部隊四處流竄洗劫鄉村，導致數百萬人死於飢餓或疫病，這一切直到一六四八年的《西發里亞和約》才終於落幕。而在一六三九至一六五一年的英國內戰中，信奉新教的軍方與信奉天主教的王黨彼此搏殺，整個英格蘭、蘇格蘭、威爾斯與愛爾蘭的居民中，約有百分之十死於戰爭，或是戰後的疾病與饑荒。當然，這些衝突始終存在超越教派的問題。但這也讓許多啟蒙時代的自由主義者學到，想要堅持唯一的普世真理，只會讓世界再度陷入血腥的戰爭。宗教裁判所也讓西方人學到相同的教訓：無道惡行常談道德潔淨，暴虐凶殺必言普世真理。

我不得不承認在基督教世界，對宗教差異缺乏寬容並非殖民年間的遺事。許多美國基督徒都認為，無神論者、猶太人、穆斯林、佛教徒等人若不接受耶穌基督，就必將下地獄。有些新教徒對其他新教教派，或是天主教徒也抱持這種觀點，而反過來的情形亦不在少數。這種觀點或許有可能是出於憐憫，是因為信徒希望改變其他人的命運，使他們免於在永生之中受盡折磨，但這麼做卻未必會讓活在錯誤中的人感激。在信奉基督教的美國人中，有些人，我認為為數不少，試圖讓社會和政府更基督化，在每個法院裡刻上十誡、禁絕墮胎和同性戀、並從生物課裡刪除演化論——但通常也僅止於此，基督徒王侯和宗教法庭那長達數百年的屠殺已經是很遠以前的事了。

然而，我們不該忘記美國確實曾出過基督教恐怖分子。其中一個名叫埃里克．魯道夫，他被法院認定在一九九六年亞特蘭大奧運期間，放了一顆炸彈在奧運百年公園，造成一位名為愛麗絲．霍桑的女性死亡，還有一百多人受傷，如果不是保全及時行動，可能還會有更多死傷。如果要宣告自己與世界主義的跨國對話為敵，襲擊奧運肯定是最直接的手法之一。魯道夫還襲擊過阿拉巴馬州伯明罕的一家診所，因為那裡有時會執行墮胎手術，並在攻擊時殺了一名休假中的警察；此外，他也曾炸過一家亞特蘭大的女同志酒吧。儘管手段大相逕庭（我該強調這點？），但這些事蹟都清楚顯示他和基督教右翼有相同的目標。魯道夫後來在北卡羅來納的墨菲鎮附近被捕，新聞報導指出他在當地享有令人不安的聲望，許多居民都公開支持他；在警方搜索期間，當地企業甚至在販售印有「魯道夫快跑」的汽車貼紙和T恤。墨菲鎮一位育有四個孩子的年輕女士告訴《紐約時報》記者：「魯道夫是基督徒，和我一樣，他為了反墮胎獻上了一生。這就是我們的價值觀，我們林子裡的法則。我不覺得他做的是恐怖攻擊。」[3]

一九九五年，提摩西・麥克維炸毀了艾爾弗雷德・P・默拉聯邦大樓，殺害了一百六十八名成年人和兒童；儘管他的動機似乎跟宗教無關，但在基督教認同運動中，他是某些人的英雄。這些人認為對黑人、猶太人和聯邦政府的仇恨，都是某種形式的基督教。我不是要將這些罪行和賓拉登的跨國殺戮相提並論，他和麾下各種關係鬆散，或是單純受他鼓舞的恐怖主義團體，確實是對美國的一大威脅，而且他深受世界主義的敵人們推崇，這就注定了賓拉登絕對不會是等閒之輩。但是當我們記得埃里克・魯道夫並不是典型的基督徒時，也別忘了賓拉登同樣不是典型的穆斯林。

不過兩個人也不完全一樣。據我所知還沒有哪個大型基督教恐怖組織計畫對穆斯林國家或機構發動攻擊。這其中有很多原因，其中之一是很少有基督徒會認為伊斯蘭教威脅了他們的生活方式。但許多穆斯林仍認為十字軍東征並未結束。這其中的理由很複雜，不過我比較贊同的心理詮釋，是穆斯林覺得伊斯蘭世界曾遙遙引領著基督教世界，後來卻不知為何落後了，而這種感受慢慢變成了一種由怨恨、憤怒、嫉妒和欽佩混合在一起的複雜情緒。

但是，就算這類反面的世界主義可以解釋，相信普世道德的人還是面臨著一樣的挑戰：有什麼原則可以區別良性和惡性的普世性？

普世性間的競爭

我在前面提到了寬容。不過伊斯蘭激進派的英雄似乎也樂於容忍很多東西：只要肉是清真的，他們不在乎你是吃卡巴烤肉串（kebab）、肉丸還是宮保雞丁；只要妳願意戴上希賈布（hijab），質料是絲綢、亞麻還是嫘縈都無所謂。但對世界主義者來說，容忍是有限的。有時我們會希望去干預其他地方，因為那裡發生的事違反了我們的基本原則。我們也理解哪些事情是錯的，而當錯誤太嚴重，比如嚴重到種族滅絕的程度，我們就不會只滿足於對話。想要寬容，必須確定有什麼是不可寬容的。

正如本書一開始所說，世界主義者也相信普世真理，只是我們不敢肯定自己是否知道了所有真理。引領我們的並不是質疑真理本身是否存在，而是據實判斷找到真理有多困難。不過有一件事我們毫不懷疑，那就是每個人都對其他人負有義務。每個人都很重要：這是世界主義的核心理念，而這也是我們寬容的底線。

要釐清良性和惡性世界主義在原則上有何區別，我們顯然不能只討論真理和寬容而已。世界主義者最重視的價值也包括了多元主義，我們認為世界上有很多值得遵循的價值，但人不可能同時遵循每一種價值。因此我們希望每個生活在不同社會裡的人，都能活出不同的價值（前提是值得遵循的價值）。世界主義的另一個關鍵，是哲學家說的「可錯論」（fallibilism），也就是承認我們的知識並不完美，只是暫時如此，要是有新的證據我們就會做出修改。

相較之下，新基要派穆斯林說的「全球穆斯林共同體」雖然同意因地制宜，但只限於無關緊要的瑣事。這些人相信的其實是一種惡性的世界主義（counter-cosmopolitanism），他們就跟許多基本教義派基督教一樣，認為世上存在一種正確的生活方式，只是細節有所差別。如果你擔心全球化帶來的同質化，那你該擔心的絕非資本主義要創造的世界，而是這個基本教義派想建立的烏托邦。不過，宗教上的普遍主義，並不是唯一一種對世界主義的惡解。你也可以像毛澤東和波布這些馬克思主義者那樣，高舉普世人性關懷的旗幟，矢志消滅所有宗教，或是成為宗教審判官監督每一場異端處決。這些人手中的鏡子完好無缺，沒有人能拿到半塊碎片；他們要每個人都站到他們那邊，和他們一起看著同一面鏡子裡的願景。「說實話，我是你們應該信賴的顧問，」賓拉登在二〇〇二年發表的一篇「訊息」中這麼說，「我邀請你們接受此世與來生的幸福，逃離你們乏味、空洞、物質至上的生活。我邀請你們接受伊斯蘭，聽從呼喚走上追隨唯一真主的正義之路，走上禁絕壓迫與犯罪的道路。」惡性世界主義的信徒說：加入我們，我們將成為兄弟和姊妹。但如果我們不加入，他們就會踐踏我們之間的差異，若有必要甚至會將我們踐踏致死。德國有句俚語正好適合當成這些人的座右銘：

Und willst du nicht mein Bruder sein,
So schlag' ich Dir den Schädel ein.

你不當我的兄弟，
我就打爆你的頭。

對這些惡性世界主義者的爪牙來說，普遍主義的重點在於讓人們抱成一團。而良性世界主義者的宗徒或許樂意遵循「己所不欲，勿施於人」的黃金律（姑且不論我之前討論過黃金律在概念上缺乏「普遍化可能性」（universalizability）的問題），但如果我們希望別人對待我們的方式，對某些人來說並不理想，那我們確實會感到困擾。這不一定會讓我們就此打退堂鼓，但這點的確需要考慮。我們所理解的寬容，是帶著尊重跟其他對世界有不同看法的人來往，甚至期待有機會從自己不認同的人身上學到一些東西。簡而言之，我們認為每個人都有權過自己喜歡的生活。

相反地，你如果仔細聽聽激進穆斯林的發言，就會發現他們極力想迴避跨越差異的對話。比如這段來自艾曼．查瓦希里醫生（Dr. Ayman al-Zawahiri）的訊息；查瓦希里和賓拉登合作長達三十年，這段訊息節錄自一段公開於二〇〇五年二月十一日，在其崇拜者之間廣為流傳的錄音：

> 沙里亞（Sharee'ah）是由真主所降示的教法，必須遵循不悖；這件事不允許態度搖擺，或是舉棋不定，你一定要用非常嚴肅的態度對待此事，因為教法容不得玩笑。如果

你相信真主，你就必須遵守祂的律法；如果你是不相信祂，跟你討論祂的律法細節就毫無意義。任何人只要看重自己清晰的心智，就萬不可能接受西方世俗主義試圖散播的搖擺心態。真主既然是統治者，那麼他就有統治的權利；這點非常顯而易見，完全不需要猶疑……

因此，如果你是不追隨真主的人，那麼從邏輯上來說，和你討論祂的律法細節，就是毫無意義的。

查瓦希里如此恐懼對話，無疑是擔心和觀點不同的人交流，可能會使信徒誤入歧途。他對「不追隨真主的人」如何生活沒有絲毫好奇，我們只不過是錯誤的化身。

但歷史上當然還是有許多穆斯林──包括許多宗教學者──在探討沙里亞，也就是俗稱的「伊斯蘭教法」本質為何。過去兩百年誕生了許多傑出的伊斯蘭學者，他們非常認真和伊斯蘭教以外的思想交流。十九世紀，印度的賽義德．艾哈邁德．汗（Sayyid Ahmad Khan）與埃及的穆罕默德．阿布都（Muhammad Abduh）等人都曾試著發展屬於穆斯林的現代觀。更近一點的例子還有蘇丹的馬哈茂德．穆罕默德．塔哈（Mahmud Muhammad Taha）、歐洲的塔里克・拉馬丹（Tariq Ramadan）和美國的哈列德・阿布・法德（Khaled Abou El-Fadl），這些人都藉著和非穆斯林世界對話，發展出自己的新視野。雖然他們的思想大不相同，但每個人都挑戰了基本教義派眼中的伊斯蘭教法，而且立論遠比查瓦希里更浩瀚廣博。[4]艾哈邁德・塔耶布（Ahmed al-Tayeb）在開羅艾資哈爾大學這座全世界歷史最悠久的穆斯林大學（事實上，有段時期也是最古老的大學）擔任校長時，曾經邀請坎特伯雷大主教到他的講壇上發表演說；對此他是這麼說的：「真主創造了各式各樣的人。如果祂想要創造齊一的烏瑪，祂當然做得到，但祂選擇在復活日（yawm al-qiyāmah）以前，讓我們生著不同的樣貌。每個穆斯林都必須完全理解這個原則。以衝突為基礎的關係都是徒勞的。」[5]但根據查瓦希里的推論，這些認為有什麼值得參詳討論的人，全部都是「不追隨真主的人」。

對我們這些不信奉伊斯蘭教的人來說，討論什麼是真正的、什麼是虛假的伊斯蘭教一點意義也沒有；而對查瓦希里來說，思索避孕和死刑是否符合基督教的教理也同樣可笑。但如果有人想要在自己人生的航程中，升起基督教或伊斯蘭教的旗幟，想要判斷和解釋這面旗幟的涵義，那這就是他們的權利，也是他們的奮鬥。在自稱穆斯林的人裡，也有提倡寬容的人，以及提倡寬容的時代。我們知道歷史上確實曾有一些社會在自認穆斯林的同時，也實踐了寬容的作風（包括穆罕默德本人還在宣揚教誨的時候就是如此）。而對世界主義者來說值得慶幸的是，現在至少還有許多穆斯林在宣揚宗教寬容，並從伊斯蘭教的解經傳統來支持這個主張。

薩菲家的開齋節

我不是穆斯林，但我長大的環境裡有很多穆斯林，因此我對伊斯蘭教的認識也是從家族記憶開始的；就像許多童年回憶一樣，這些記憶發生都在餐桌周圍。小時候，我們常去信伊斯蘭教的堂親薩菲家吃晚餐，那裡的食物（還有氛圍）總是令人期待。不過最讓我期待的還是齋月最後一天，太陽下山後的開齋宴。穆斯林會在齋月的日間禁食，並在禁食期間回顧《古蘭經》的來源；因為他們相信安拉是在伊斯蘭曆的第九個月，將《古蘭經》賜予先知穆罕默德的。虔誠的穆斯林在日出到日落之間不會吃食，也不飲水。很多人會到清真寺聽人朗誦《古蘭經》。到了晚上，全家人會聚在一起用餐，結束今天的禁食。直到這個月的最後一天，也就是開齋節（Eid al-Fitr）時，人們會擺出最後的盛宴；這是慶祝的高潮，也是禁食的結尾。

負責烹飪的是我爸的親戚瑰絲表姑，她是基督徒，而且不是阿散蒂人，是來自海岸的芳堤人（Fanti）。然後她又嫁給了阿維夫表姑丈，一位多年前定居在庫馬西的黎巴嫩商人，所以她不僅會煮傳統的迦納菜，黎巴嫩菜也難不倒她。開齋宴的桌上擺滿了鷹嘴豆泥和塔布勒沙拉、炸豆餅和茄子泥、炸鑲肉丸和燉豆子，飯後還有美味的甜點、新鮮水果以及濃郁漆黑的甜咖啡。

我很愛瑰絲表姑煮的菜，常常吃到整桌只剩我一個人還在動嘴，而在我被送去英語寄宿學校以後，就幾乎每次都是這樣了。阿維夫表姑丈每次都會坐到我旁邊，往我的盤子裡再加幾顆羊肉和碎麥捏成的炸鑲肉丸，或是幾勺用蕃茄醬燉的四季豆，直到我承認我再也吃不下為止。在寄宿學校裡，學校會教我們必須把盤裡的食物全都吃光（過了四十年，我還記得起來有一天午餐後，舍監整整花了半小時來逼我把那些油膩的牛肉吃下去）。但阿維夫表姑丈是阿拉伯人，那邊的傳統是一定要讓客人在盤子上留下一點東西，才算是招待周到。我花了一點時間來梳理這兩套不同的禮節，但最後我終於搞懂，如果我不想吃得太飽，那我跟黎巴嫩表姑丈一起用餐時，就一定得打破我媽那邊的習俗才行。

如果我們那時候住在美國，我猜想我們遲早得跟其他信基督教的親戚解釋齋月有多重要。幸好我們是迦納人，這裡的基督徒、穆斯林和傳統宗教信徒很習慣一起生活，接受彼此不同的生活方式，又不會表現出過分的好奇。瑰絲表姑在齋月一樣每個星期天都會上教堂，而我的堂兄弟也會在聖誕節來我們家。我的童年享盡了開齋節的所有美食，但直到成年以後才從書裡面讀到它真正的意義。

根據《古蘭經》記載，穆罕默德本人與阿拉伯的猶太人和基督徒關係都很友好（他也不是為了信仰才跟他們作戰）。他認為《古蘭經》是真主特別給予阿拉伯人的啟示，正如祂和以色列兒女所定的約，以及派遣耶穌向人間傳的福音（而羅馬天主教會在教宗保祿六世通諭《教會對非基督宗教態度》中承諾「懷著誠懇的敬意，考慮他們的做事與生活方式，以及他們的規誡與教理。這一切雖然在許多方面與天主公教所堅持、所教導的有所不同，但往往反映著普照全人類的真理之光。」則是一千多年之後的事情）。關於猶太教與基督教，《古蘭經》裡是這麼說的：

你們不要與有經人爭辯，除非以至好的態度。他們之中背義的人在外③。你們說：

「我們歸信降給我們的，和降給你們的。我們的主和你們的主是一。我們是惟獨順服他的。」

又說：「宗教無強迫。」[6]

不僅是《古蘭經》，根據聖訓（Ahadith），穆聖實際上也從不要求有經人（Ahl al-Kitab，《古蘭經》中對猶太人、基督徒和瑣羅亞斯德教徒的稱呼）改信伊斯蘭。從西元七世紀開始，繼承穆罕默德統治穆斯林帝國的早期幾位哈里發，在征服以基督教和猶太教為主的社群後，都將之納入保護，無須改信；征服波斯時，他們遇見的不是猶太人和基督徒，而是瑣羅亞斯德教徒，而他們同樣對這個古老信仰展現出相同的尊重。阿克巴大帝（Akbar）在統治蒙兀兒帝國這個囊括北印度的穆斯林帝國時，對當地印度教傳統也展現了一樣的寬容。他興建印度教寺廟、鼓勵各宗教的學者互相對話，集中包括錫克教、佛教和耆那教，以及猶太人、瑣羅亞斯德教徒、基督教的各種教派，以及各種伊斯蘭教的不同派系。

③ 本書中的《古蘭經》譯文採用台灣主流的王靜齋譯本。

我小時候對這些一無所知，只知道阿維夫表姑丈是個虔誠的穆斯林，也是個寬容溫厚的人。他出身的國家因為宗教而分裂——穆斯林分成遜尼派和什葉派，底下又進一步細分成阿拉維派、伊斯瑪儀派、十二伊瑪目派和德魯茲派；基督徒也分成羅馬、亞美尼亞和敘利亞天主教，以及希臘、亞美尼亞和敘利亞東正教、迦勒底派、馬龍尼派，以及各種新教教派。但阿維夫表姑丈對不同信仰的人似乎都同樣開放。也許照現在某些聲量最大的伊斯蘭宣教士所說，他是個不及格的穆斯林，但其實許多國家、許多時期的許多穆斯林中，這都是相當典型的作法。當然，阿維夫表姑丈肯定會認為比起失根、個人主義的新基要派伊斯蘭教，他的伊斯蘭信仰更豐富、更長久，因為這跟他成長過程中的習俗和實踐緊密相連。儘管我不可能知道真正的狀況，但我敢說像他一樣的穆斯林雖然聲量比較小，卻是真正的主流。

社會裡的小群體

如果世界主義可以概括為「普遍性加上差異」，那它的另一個敵人，大概就是完全否認普遍性的人，而這些人的信仰或許可以概括為「不是每個人都有價值」。然而，先不管過去發生過什麼，現在會說這句話的人，多半都不是真的相信。英國倫理學家伯納德．威廉斯（Bernard Williams）在《倫理學和哲學的限度》中曾說，「道德」，也就是具有普遍約束力的規範，「並不是哲學家的發明，而是我們大多數人對世界的看法，或者說，約略是我們對世界的部分看法」。[7]威廉斯這句話有一部分是在說，大多數人都認為自己有某些「無法逃避」的義務。正因為有這種義務，我們在做出傷害別人的事情時，才必須合理化這種行為。一般來說，會講出「不是每個人都有價值」的人，不管他是納粹、種族主義者還是排外分子，都不會只告訴你「那些人毫無價值」。那們會告訴你為什麼：猶太人在毀滅我們的國家、黑人是劣等種族、圖西人是蟑螂、阿茲特克人是信仰的敵人。不是他們不重要，而是他們自己引起了我們的憎恨和輕視，我們會這麼對待他們，完全是他們活該。

當人開始找理由，做的就是這些事。特別是當聽你說話的人裡也包含了一些你宣稱不重要的人，你甚至得對他們解釋，為什麼你要將自己所不欲的事情，施加在他們身上。一旦你開始捍衛自己的國家、種族或部落，就不得不解釋為什麼讓你的同伴站到所有人頭頂上，會對每個人比較好，甚至對被你折磨的人也比較好。在國際關係裡，所謂的現實主義者常說，我們的外交政策應該只追求我們自己的國家利益，聽起來就像是只有我們自己的同胞才重要。但如果你問他們，如果國家利益有需要的話，我們是不是該執行種族滅絕？他們通常會否認這麼做有可能符合國家的利益，因為我們的國家利益與某些價值有著內在聯繫。對於這種回應，我會說：「很好。那我們重視的其中一個價值，就是其他人至少有一點珍貴，所以我們才不該為了自己的利益屠殺他們。」終生捍衛在地性的英國政治家愛德蒙・柏克（Edmund Burke）有句常被人引述的名言：「去愛我們在社會中所屬的小群體，是公共情操的第一原則（也可以說是它的胚芽）。」但他的理由也是出於普遍性的考量：「通往對國家和全人類的愛需要許多紐帶，而這就是第一條。」[8]

儘管人們為了忽視陌生人的利益，什麼樣的理由都講得出口，但我並不認為這些理由真可以解釋人們為何要惡待彼此；正如我在前面討論過的一樣，道德歸因並不是這樣運作的。當然，這些理由也無法讓這些惡行變得正當。然而，一旦你開始為了忽略他人利益提出理由，就會被這個過程引向普遍性的陷阱。提出理由是為了替想法、感受和行為提供底氣，而除非你真心相信、理直氣壯，不然這些理由就無法令人信服。但如果有人真心認為某些人毫無價值，那他應該根本就不會覺得需要找理由才對（這也是為什麼忽視動物的權益比忽視人類的權益簡單，因為動物不會質問我們為何虐待牠們）。然而，如果有很多人真心認為某些人毫無價值，那就只有一件事好做：試著改變他們的想法；但如果你失敗了，就要確保他們無法將想法付諸行動。

世界主義者最大的挑戰，並不是有人相信其他人毫無價值，而是有人相信其他人的價值低人一等。大部分的人都會同意我們對陌生人有某些義務，同意不該對他人犯下醜惡的罪行。而要是陌生人已經陷入慘不忍睹的處境，我們也可以，甚至有責任付出合理的代價出手干預。比如說，我們應該要阻止種族滅絕，也應該在發生大饑荒或嚴重天災時伸出援手。但我們是否該做得更多？談到這裡，原本的共識就很容易分裂了。

目前為止，我一直在說世界主義相信我們對陌生人有義務。而既然本書已經接近尾聲，我們也應該來討論這些義務到底是什麼了。

第十章

給陌生人的善意

◎ 殺死那個中國大官

◎ 在小水池溺死的孩子

◎ 基本需求

◎ 判斷之難

殺死那個中國大官

巴爾札克的《高老頭》裡有個場景是這樣的：年輕的尤金・拉斯蒂涅一心想攀上社會高層，卻苦無實現的方法，於是他和一個醫學院的朋友聊起了盧梭：

「你記得他問讀者的那段話嗎？就是如果他只要待在巴黎，一步不動，就能用意志殺死一個中國大官讓自己發財，他該怎麼做？」

「嗯。」

「嗯？」

「呸！我正在殺我的第三十三個大官呢！」

「我可不是說笑。噯，如果真有可能靠你一個點頭就辦到這種事，你會不會做？」[1]

拉斯蒂涅的腦筋其實很像哲學家。畢竟除了哲學家，還有誰會把魔法謀殺和一百萬枚金幣擺在天秤的兩端呢？況且，盧梭還根本沒問過這件事，巴爾札克的靈感應該是來自蘇格蘭的亞當．斯密（Adam Smith）。這位大師除了《國富論》外，還在一七五九年寫過一本《道德情操論》，並對道德想像力的限制，發表了令人難忘的看法。他的論述始於一場想像中的地震吞噬了「偉大的中華帝國」。當「歐洲的人道主義者」聽說這個事件，一定會感到哀傷，並因此大發憂國憂民之思，甚至想到地震對世界貿易的影響。然而，亞當．斯密接著說，一旦他興起這些情感，並完成了反思的過程，就會毫無困難地回歸日常生活。他又寫到「而最微不足道的災難，一旦有機會降到自己頭上，就會引起最劇烈的動搖」。接著繼續說：

> 若他明天將會失去小指，今晚他必將無法入眠；但即使有一億個弟兄同胞化為齏粉，只要他從未見過那些人，他的鼾聲便能安然大作……。那麼，若能避免這種微小的不幸落到自己身上，一個人道主義者是否會願意犧牲一億個從未謀面的同胞性命？人類的本性會對這種想法感到驚駭，即使在這世界最墮落、最腐敗的時刻，也從未有惡徒能為如此想法感到欣喜。然而這種差別又是緣何而來？

亞當・斯密想問的是，為何我們的「被動感受」明明如此自私，我們的「主動原則」卻往往意外慷慨？他的結論是：「能抗衡自愛的強烈衝動，不是人道主義柔弱的力量，也不是天地在人心之中點起的微弱慈光。在這些時候發揮作用的，是一種更強大的力量，一種更有力的動機，那就是理性、原則、良知，是居住在我們胸中的人性，是我們一切行為偉大的評審和仲裁。」[2]

亞當・斯密要我們自問，是否願意為了微不足道的利益而鑄下大錯；拉斯蒂涅則讓我們思考，是否願意為了龐大的利益做出比較微小的惡行。在化用這個問題時，巴爾札克的重點從亞當・斯密探討的道德心理學，變成了更基本的道德問題。但這兩題都值得我們放在心裡。在亞當・斯密的推論中，如果我們要根據自身感受的強度來分配心力，就會犧牲上億人來保住自己的小指；而要是我們願意這樣做，根據拉斯蒂涅的推論，我們一定會為了獲得巨大財富，而犧牲一個遠方的生命。我們知道中國每天都有大官死去，而知道這件事對我們的感受有什麼影響呢？這個問題用中國當例子，是因為它假設當我們的近鄰遭逢不幸，理性可能就不是那麼必要。當一個蘇格蘭人聽聞自己同胞將要滅亡，他就不會保持理智，而是會被激情征服。此時的他不需要理性，因為受傷的是他自己。

從這個想法出發的話，你應該會想知道，世界主義對於我們對陌生人有哪些義務，是否有什麼清晰易懂的抽象原則。「世界主義的倫理目標是拓展我們有感的現實世界，將身在遠方、面貌不清的『他人』容納進來；」加拿大作家羅伯特・西布利（Robert Sibley）曾這麼批評：「在此之前，我們只聽說每個人都是地球村的鄰居，這個想法或許可以令人心頭一暖，但實在無法讓人為之奮戰。」[3]這裡暗示了世界主義的道德觀要求我們重視世界上的每個人，如同我們重視真正的鄰居，而且重視到至少願意冒生命危險。但我們無法和好幾十億人建立緊密的關係，因此我們也無法依據世界性做出判斷。但實情更接近亞當・斯密的觀點：所謂「我們對陌生人有義務」，並不是要求我們像關心最親近的人一樣關心他們，而我們最好也先承認，自己跟遠方的芸芸眾生確實沒那麼親近。

不過，如果要認真看待亞當・斯密的說法，我們的世界主義就不該提出心理學上不可能的要求。而世界主義的某些道德要求，的確會讓人在聽到時產生像西布利一樣的質疑。那麼，我們對陌生人究竟有多少義務呢？

在小水池溺死的孩子

其中一個答案來自哲學家彼得・溫格（Peter Unger）。他在《朱門酒肉》（*Living High and Letting Die*）這本發人深省的著作中主張：「為了不要背負巨惡活著，像你我這樣生活寬裕的人都應該將手中大部分的財產，以及未來可預見的大部分收入，都捐給像樂施會和聯合國兒童基金會等有效率的組織。」[4]

我這邊是直接寫出溫格的結論，但在他之前，就有不少哲學家從各種角度支持這類觀點。實際上，溫格的結論就是脫胎自另一位哲學家彼得・辛格（Peter Singer）的比喻：「如果我走過一個小水池時，看到裡面有個溺水的孩子，我就應該進去把孩子救起來。儘管這樣這可能會弄髒我的衣服，但這點骯髒微不足道，而孩子死去通常都非常糟糕。」[5]溫格繼續寫了好幾個類似的案例來釐清我們的直覺。比如說，你用了大量的時間和金錢，把一台老賓士修到像新出廠的一樣，而用掉你最多心力的，就是車裡的皮革內裝了。結果這天你開著車，在路邊遇到一個腳受重傷的健行者；雖然傷勢不至於危及生命，但如果你不把他送去醫院，他就會失去一隻腳。你左右看了看，周圍沒有其他人，這時，雖然讓他上車會讓你的皮椅被血弄髒，但你會拒絕他嗎？回到家時，你又收到一封聯合國兒童基金會的信，要求你捐款幫助外國的三十個孩子；如果你沒有寄出一百美金，他們就會死亡。把這封信丟進垃圾桶顯然是不道德的。

當然，如果你應該捐出第一個一百美金，那你也應該捐出第二個一百美金。這就是為什麼溫格的結論是：「不盡快將你的所有家當寄給兒童基金會和樂施會，那就太不應該了。」[6]照這個邏輯，你就不得不變賣資產，清空儲蓄，直到你確定失去一百美金，比三十個孩子死去更糟糕。我幾乎可以看到西布利站在房門後面，難以置信地搖頭。但很明顯，他才是對的，所以這中間到底出了什麼問題？

首先我要先澄清一個小重點。前面那些關於中國官員和外國兒童的討論，很可能讓人以為溫格的悖論是世界主義特有的問題，但事實並非如此。我們試著先忘掉飢餓的非洲和亞洲兒童，想想你所在的國家也有兒童的生命需要拯救。雖然數量沒那麼多，但要拯救每個孩子也都會更昂貴；即使如此，你真的會用衣服的價值來判斷要不要救孩子嗎？說真的，你應該也不會放溺水的大人去死才對。而如果你願意支援這些人的醫療費用，就能讓他們活得更久、過他們想要的生活。如果你住在都會區，需要幫助的人或許就在你家附近，他們就是你的鄰人。那麼，你應該散盡大部分財產幫助他們嗎？溫格和辛格等哲學家可能會點頭……或是反駁說外國的飢餓孩童需求更為緊迫。這種論點有問題，並不是因為它宣稱我們對外國人有某種匪夷所思的義務，而是因為它宣稱我們有某種匪夷所思的義務。但無論它捅出什麼問題，都不該怪在我們這些世界主義者頭上。

但溫格是怎麼讓我們得出他想要的結論？一切都從那溺水的孩子開始。沒有哪個正經人會覺得「不想弄髒褲子」可以當作「放任一個孩子溺死」的理由，就算那是條薩佛街訂做的手工馬海毛西裝褲也一樣。不過，如果要進一步討論我們對某個具體情境的判斷，就得先從中找出一個道德原則；至於能討論出什麼，就取決於你找出了什麼樣的道德原則。像溫格這麼極端的陳述，就需要有一個非常一般性的原則，並做出一些強而有力的實證假設。而我認為他的原則和假設全都是錯的。

如果將溺水的小孩和我上面引用的結論結合起來，就會得到這樣的原則：

> 如果以較小的壞事為代價可以阻止真正的壞事，那就應該這麼做。

乍看之下，這個原則（我稱之為「辛格原則」，因為辛格有好些主張似乎都是由此而來）似乎真的表示你應該拯救那個溺水的小孩。[7] 因為孩子溺死是真正的壞事，而弄髒西裝褲沒那麼壞，這些我都同意。但是面對溺水孩子時的道德反應，真的能推論出我們應該奉獻出所有財富嗎？

辛格原則要求，只要能阻止真正的壞事發生，就該接受比較小的壞事。但稍微深思一下，就會發現這個原則可能連溺水的案例都無法解決。去救那個孩子或許是在防止壞事發生，但不救他說不定可以能阻止更嚴重的壞事。畢竟，我不是應該要全力拯救成千上萬飢餓的孩子嗎？那賣掉西裝是不是能讓我多捐幾百塊？這樣一來，西裝毀了不就代表我要少捐好幾百塊了？根據辛格原則，我必須讓這個孩子溺死，才能確保西裝賣出一個好價錢，讓其他九十個孩子得救，對吧？話說回來，如果我還有更糟糕的事情要阻止，那我好像也有可能要讓那九十個孩子死去。至於那位受傷的健行者就倒楣了——想想看，賣掉一台經典賓士的錢可以做多少好事，我當然不該拿它的賣價開玩笑！辛格原則的陳述很委婉，但它要表達的主張其實很強烈，它要說的其實是，我們應該盡可能減少世界上的壞事。我不知道要怎麼做到，但我們沒有好理由相信正確的作法是把自己弄到破產，以便捐一大筆錢給聯合國兒童基金會。這筆錢一定還有別的用法可以創造更多益處，重點是找出那樣的用法。

當然，更重要的一點是，我們認為應該拯救溺水的孩子，這件事本身並不能告訴我們為什麼應該這樣做。前面也討論過，我們的道德直覺常常比用來解釋的原則更可靠。因此我們還有無數的原則，可以要求你去拯救溺水的孩子，又不需要你犧牲自己。比如這個：

> 如果你是最適合阻止某件糟糕事情發生的人，而且出手又不需要付出太多代價，那你就該去做。

暫時來看，這個原則可能比較正確，因為它不會導致像辛格原則那麼猛烈的後果。我並不是特別有能力拯救聯合國兒童基金會說的那些孩子；就算我有能力，捐出大部分財產也會嚴重降低我的生活品質。不過這個原則或許暗示比爾．蓋茨應該捐個幾百萬來救世界各地的貧窮兒童，而人家早就已經在這麼做了。

我認為這個具體原則（low-level principle）——姑且稱為「迫切性原則」（emergency principle）——相當可行。不過如果有其他哲學家能提出別的情境，從迫切性原則導出我認為不對的答案，那我也不會太驚訝。因為我們只要隨便瀏覽一下道德哲學的歷史，就會知道想要找出道德原則很困難。我在本書裡常常談到「價值」，有一部分就是因為我認為，要找出一個個價值，比找出毫無例外的原則容易多了。生活會充滿這麼多艱難的抉擇，原因之一就是我們很難找出像辛格原則這樣的單一原則來告訴我們怎麼做。而另一個原因則是，我們通常都不太清楚自己做的事情會造成什麼後果（即使是辛格原則，也必須先把所有價值都化約成「對減少世界上的壞事有多少幫助」，才能告訴我們該做什麼，而我非常懷疑這種化約有多少意義）。

但話說回來，很多決定其實都不難，因為我們最堅定的道德認知，大多是關於具體的個別案例。我毫不懷疑自己應該犧牲一套衣服，去拯救那個溺水的孩子（怪的是，關於法律是否應該如此要求，美國各州都有不同的看法）。我可能會提出許多論述來支持自己的觀點，特別是碰到有人堅信自己有權任由孩子淹死的時候。但我對大部分論述的信念，都沒有像我對自己應該救孩子的信念那麼堅定。

基本需求

迫切性原則可能有道理，也可能沒道理，但它並沒有告訴我，收到聯合國兒童基金會的募款信應該怎麼辦。但既然世界主義者認為每個人都有價值，那我們就不能只滿足於迫切性原則。所以讓我們先從「基本人權」裡，那些已經廣為人們接受的幾個核心道德概念開始。[8]首先，人有健康、食物、居住、教育等需求，只有當這些需求滿足以後，生活才稱得上體面。人也應該擁有某些選擇權，比如和合意的伴侶滿足性欲、雙方願意的話可以生兒育女、遷徙到不同的地方、表達和分享想法、協助管理所屬的社會、運用自己的想像力，如此之類（這些是選擇的權利，人也應該有不使用這些權利的自由）。人們也不該遭受某些會阻礙追求美善人生的不幸，比如不必要的痛苦、毫無道理的蔑視、身體遭受毀損等等。光是知道每個人在條件允許下，都有資格滿足基本需求、運用某些人類的功能，以及免受某些傷害，還不足以說明要如何確保這一切能實現。但是如果你認同這些基本需求應該得到滿足，那你又要承擔什麼義務？在開始討論前，我想先指出可接受的答案有何限制。

第一個限制是，這些權利終究還是要靠國家來保障。有些政治世界主義者希望建立一個世界政府，但我支持的派別尊重不同的政治安排（political arrangement），前提是國家都給予每個人應有的尊重。全球政府至少有三個可預見的問題：首先，其權力很容易就會累積到無法控制的程度，並可能用權力造成巨大傷害；再者，全球政府通常不會回應地方的需求；最後，萬一有了一個全球政府，各種能讓我們從中學習的制度實驗，也幾乎一定會消失。接受國家和政府存在，就是接受我們對自己的生活和國內的公平正義有一份特殊的責任；但除此之外，我們仍必須付出心力，確保每個國家都尊重其公民的權利，並滿足每個人的基本需求。如果有國家做不到，那我們所有人也都有義務去改變這件事——如果國家願意，我們可以依靠國家；如果國家無心，那我們就必須另謀他法——而如果這些國家做不到是因為貧窮，那提供資源就是我們盡義務的方式之一，這件事和我們對國內社會的責任同樣重要。

不過第二點限制，就是這份義務並不能要求我們獨自承受所有負擔。我們每個人都有一份應盡的責任，沒有人能要求我們付出得比這更多。或許是因為這個限制並不明確，那些相信「小水池」理論的人並不怎麼重視它。然而，現實中的道德思考有很多隱微巧妙之處，是辛格原則根本碰觸不到的。另一位哲學家理查．米勒（Richard W. Miller）就用了一個不同的故事來說明這點：有個成年人正從十樓的窗戶上掉下來，而正好從旁走過的你知道，只要你衝上去當緩衝墊，就能救他一命。只是如果你這麼做很可能會斷好幾根骨頭，要痊癒得花好幾個月在床上哀號，而且不知道會留下什麼後遺症（假設你是骨科醫生，對這些後果一清二楚）。在米勒看來，你即使「拒絕了這個改善世界的機會」，也絕不會「沒有盡本分讓世界更好」。[9]但辛格原則卻會告訴你，不去阻止這次死亡，遠比你在床上痛好幾個月嚴重多了。這顯然跟我們平常的道德思考有很大差別。

我同意，要確定每個人應該負擔多少義務並不容易，而且有人失職的影響也必須納入考量。現在讓我們想像一下，有個計畫打算收「發展稅」來保障所有人的基本權利，此時我應繳的稅額，就是我的基本義務。即使我們能讓每個人都同意這項計畫的好處，也確定我們可以根據每個人擁有的資源，判斷各自該負擔多少稅額，我們還是可以確定，有些人就是不會乖乖繳出應付的稅額。這代表還是會有部分權利未能得到保障。那麼，這時已經盡到基本義務的人還有什麼義務呢？他們可以說「我知道還有些人應得的權利沒有得到保障，但我已經盡到了責任」嗎？再怎麼說，沒有滿足的需求都不會自己消失，它們依然是某些人應得的權利。

第三個限制是，無論我們的基本義務有哪些，都必須遵從我們的天性，也就是像我一開始說的，我們終究會偏愛親近的人：這些對象包括我們的家人、朋友、民族，以及各種因為自願和非自願身分而加入的群體——當然，也包括我們自己。無論我對遠方那些貧困的人有怎樣的基本義務，都不該抵銷我對家人、朋友、民族的關心；而儘管每一條生命有價值，我也不會因此該對自己的生命漠不關心。小水池理論的支持者同樣忽略了這一個限制，他們把避免壞事發生在其他人身上看得太過重要，因而相信我們應該替自己、家人和朋友接受幾乎不值得過的人生。第三個限制也跟我在第二個限制中表達的擔憂有關，因為如果說世界上會有很多人沒盡到自己的本分（我們都知道很多），那我也覺得要求我犧牲自己的人生去填補這個空缺是不應該的。

最後，讓我再補充一個一般性的限制：關於我們對他人有哪些義務，一定要考慮各種不同的價值，要是忘記人類生活的重要事物有多麼千變萬化，那所謂的「義務」絕對說不通也不可行。關於這點，世界主義者是再清楚也不過了：想像一個國家由沉悶的極權政權統治，但這個政權能提供出色的產前健康照護。接著，在一場「絲絨革命」過後，充滿活力的民主取而代之，全國洋溢著自由的風氣；但醫療體系或許也因此變得有點不穩定，導致嬰兒死亡率稍微上升（也可能是因為有些孕婦自由行使了吸菸和飲酒的權利）。即使如此，多數人還是會選擇「絲絨革命」，雖然我們都認為嬰兒死亡非常糟糕；但我們顯然也不認為這是唯一重要的事情。這也是為什麼水塘裡的溺水孩子不足以涵蓋我們思考的複雜性。

如果人們都把錢拿去協助救援第三世界的痢疾，從不花錢買票看歌劇，或是捐助當地的劇院、畫廊、交響樂團、圖書館等地方，那這個世界會落得怎樣的樣貌？或許會變得極盡無趣、淒涼吧。溫格也許會暗示，你這樣就是把那些原本可以得救的孩子，看得比你觀賞芭蕾表演的夜晚更沒價值。但你不需要這麼看待自己，這種說法假設世上只有一件真正重要的事情，所有價值都可以用單一的善惡貨幣來衡量。奴隸為了建造金字塔而死當然大錯特錯，當年美國興起的過程也是如此，但他們建立的偉蹟，或是美利堅這個國家並不會因此變得可憎。不是所有價值都可以用同一種標準來衡量。如果一個國家的奠基者只處理最迫切的道德問題，比如奴隸制度，那我們可以想見他們幾乎不會跨出腳步，去推動政治、文化和道德的緩慢進步和應對不時來臨的挫敗。但這些進步和退步，都是美國人的驕傲；而一個人人都只關心拯救生命的世界，真的值得憧憬嗎？

判斷之難

我明白對有些人來說，上面的主張簡直令人髮指，我居然主張在有孩子垂死掙扎時，人們依然應該拿可以拯救人命的錢去買票聽歌劇。這跟溫格要我們犧牲幾乎所有價值去拯救窮人，幾乎是同樣違反直覺。但是別忘了，當你進戲院時，其他人也在花錢過日子，而那些錢原本也可以拯救同一群孩子。然而他們的死亡，和你去聽歌劇並沒有什麼特別的關係；這和忽略迫切性原則不一樣，也跟刻意弄死那個中國大官不一樣，因為去聽歌劇並不會害死任何一個人。溫格的論述策略有一部分是要說服我們，為了其他值得做的事情而不出手救援某個人，跟為了這些價值而殺害對方，在道德上是相等的。但我們應該要抵抗這種論述。

我們再回來看看小水池理論，這個主張還有更多實證方面的疑慮。先假設聯合國兒童基金會真的可以用一百美金拯救三十個孩子的性命，這代表什麼呢？當然不代表你能永遠讓他們活下去。兒童基金會和樂施會雖然組織完善，立意良好，而且真的做了很多好事，但他們之所以會不斷寄出這種募款信，有一部分就是他們一再拯救同一群孩子。在你寄出捐款支票後，就算這些錢可以用在某個孟加拉的村莊，幫那邊的三十個孩子獲得乾淨飲水，免於腹瀉致死，但你並沒有實際改善他們的人生，沒有讓他們得到更好的機會。生死並非唯一的大事，更重要的是過著體面的生活。如果你只是讓他們多承受一個月、一年或是十年的痛苦人生，那你真的有充分利用這筆錢嗎？或者說，你真的有讓世界變得比較不糟糕嗎？

這不是要抨擊溫格所推薦的特定組織。我相信這些組織和類似的團體，長期以來真的都做了許多好事。但孩子如果明天還是吃著同樣劣質的食物、喝著同樣受到污染的水、生活在一個政府同樣無能的國家；如果政府的經濟政策依然繼續阻礙她的家庭和社區發展；如果她的國家依然深陷貧困，那幫助一個小孩不要因為身體虛弱、無法吸收水分而死，其實無法真的拯救她。而這種困境有一部分，是因為美國政府對她的國家課徵進口關稅，以保護那些在華盛頓勢力龐大的美國製造商，以及歐盟限制了進口商品的配額，以保護境內人民的工作機會。

世界主義的作法會先從在乎孩子的處境開始，並試著了解她為什麼會死去。世界主義的根本是智慧、好奇和深入交往。實踐它需要我們去了解，我們打算支持的政策雖然保護了我們所在州分或地區的工作機會，卻也是問題的一部分。而這些問題不僅是關於一具受苦的軀體，更是一段被糟蹋的人生。

事實在辛格的主張中很重要，但在溫格的論述中比較不重要，但只要將這些事實納入考慮，要出手干預就會遇到更多困境。第一個困境是時間。如果比爾．蓋茨在二十多歲時聽從溫格的建議，他今天就不可能捐出好幾十億給慈善事業了。當然，他當時並不知道自己會成為億萬富翁（雖然身為一個企業家，他肯定覺得自己會成功，但他無法確定這件事）。財富的一大好處就是它能產生出更多財富。如果我現在開始存錢和投資，將來或許就能做更多的善事。如果我這麼主張，那辛格就會認為我應該存更多錢、做更多投資。但這就意味著我現在要減少支出，導致更少的人能因為製造商品和提供服務，賺到我花出去的美金，而且這些蒙受損失的人，有好一部分都活在世界上最貧困的國家。事實上，如果所有美國人和歐洲人都不再消費，全球經濟幾乎是一定會崩潰，政府的稅收將會減少，對國外的開發援助也會隨之下降。消費的影響層面很多，足以牽動美國的經濟動能、政府能課稅的財富，以及對外國的開發援助，因此要判斷辛格的主張是否正確，你必須是非常優秀的經濟學家才行。

一旦我們認真面對全球貧困真正的挑戰，就必須正視如何運用資金最有效的難題。以結果論的話，多數發展經濟學家都會同意，在一九五〇到一九九五年累計高達數千億美元的對外援助中，很多都沒有得到運用。在這段時間裡，多數貧困國家的人民收入都下降了。[10]但這不代表我們應該放棄，而是要試著去理解到底出了什麼問題，以及像波札那這樣的國家為什麼能在援助之下成功發展起來，以便我們再次投入這項任務。

還有一個問題是關於技術在未來會怎麼進步。以非洲的愛滋病為例，我們是應該將資金用於分發抗逆轉錄病毒藥物，延長目前的愛滋病患壽命？還是應該將重點放在研究疫苗，以期將來能預防或減少病毒的傳播？我們都希望投資醫療設施、乾淨的飲水、教育、診所和前往這些服務的交通，但哪一項應該優先考慮？如果我們鋪了道路，方便醫生和護理師前往診所，他們能得到足夠的資金，以及通曉相關知識的人員來維護嗎？畢竟，所謂的「未開發」經濟體，有部分就是指它們吸收資本的能力和速度有限。

近年來，社會科學界逐漸認識到，限制開發的一大關鍵因素，就是治理能力薄弱和制度不健全。諾貝爾經濟學獎得主阿馬蒂亞．沈恩（Amartya Sen）指出，儘管饑荒常常是因為乾旱、蝗災等自然因素而起的，但民主國家幾乎都不會發生饑荒。根據經濟學家克雷格．伯恩賽德（Craig Burnside）和杜大偉（David Dollar）最近的一項研究，國際援助確實能促進發展和減少貧困，但僅限於擁有良好政策的國家。[11]有時候，鄉村是因為土地使用制度而陷入貧困，而這類制度通常都有難以改變的文化基礎。比方說在阿散蒂，土地是「人民出於信賴委託」給各地酋長管理的。如果我想在我的土地上施肥、播種和耕種，我可能會需要借錢。但要是我在土地上耕作還需要經過酋長點頭，有誰會願意貸款給我？建立清晰的產權可能需要改革土地法、建立可靠的土地登記制度、改革法院的效率和減少貪污腐敗。親愛的讀者，我相信你會願意捐獻資源幫忙養活挨餓的孩子，但要幫助這些家庭擺脫貧困，規畫和執行土地政策改革也是必要的一環，你會願意出錢幫忙這件事嗎？

我沒有主張，也不相信我們應該絕望地放棄。同樣地，我也不認為過去的援助並未提升非洲大部分地區的生活水準，就代表我們應該放棄援助。我們沒有「過度慷慨」的危險——說真的，我們大多數人都滿足不了我所謂的基本義務。但就像亞當．斯密告訴我們的一樣，我們需要運用理性，而不只是依靠一時的情操。二〇〇四年南亞大海嘯後，各方的慈善捐助確實可觀而且令人動容，但是全世界每年有兩百萬人死於瘧疾，每個月有二十四萬人死於愛滋、十三萬六千人死於痢疾。[12]不過像傑佛瑞．薩克斯（Jeffrey Sachs）這樣務實的經濟學家，也以真實數據為基礎，提出了真正能協調、集中資源的詳細計畫，以協助緩解第三世界的貧困。這些想法的可行性很高，而且推翻了習以為常的悲觀假設。比如說，有太多人都不經深思就將馬爾薩斯的人口論奉為真理，擔心拯救挨餓的孩子只會創造出更多挨餓的成人。

但援助的結果其實取決於具體作法；歷史告訴我們，如果援助的方法是為父母創造機會，增加整個社會的財富，那生育率終究會下降。但如果你是免費提供穀物給當地，反而可能導致農民破產，最後弊大於利。畢竟，有誰能和免費的東西競爭呢？

二〇〇三年，美國政府的對外援助超過了一百六十億美元，對低收入國家的私人援助也至少有六十三億美元。[13]單就預算金額，美國提供了全世界最多的開發援助。不過若從占國內生產毛額的比例來看，卻還是富裕國家的末段班。許多貧困國家從美國得到的援助，還遠不及還給美國的債務利息；而且美國的對外援助中有很大一部分只是債務豁免，只有很小一部分是專門用於救助極端貧困的人口。不過光看這些數字，會讓我們忽略美國一些更細緻的傷害與功勞。先說傷害的部分，二〇〇四年美國的關稅讓受到海嘯影響的國家損失了大約十八億美元，超過美國的慈善援助；不過話說回來，美國給開發中國家的貿易政策通常比歐洲或日本給的更優惠。[14]（前世界銀行總裁詹姆士．伍芬桑曾指出：「一頭歐洲乳牛每天平均的補貼是二點五美元，而世界上有三十億人每天的生活費不到兩美元。」）但論其功勞，美國又比歐洲和日本更歡迎移民，而這些移民又會將數百億美元匯回家鄉，累積了潛在的在地資本和成長基礎。但廣納移民同樣也有負面影響，比如說美國正大量吸取外國的醫護人才，以滿足國內的，特別是窮人的醫療需求；這些醫護人才往往來自印度、巴基斯坦、迦納、奈及利亞、牙買加等更需要醫療資源的地方，而且很多人接受的都是公費訓練。

因此當你決定要捐錢以後，或許應該花幾分鐘了解一下，這些錢有沒有得到妥善運用。無論你捐了多少，這些善款都不應該白費。溫格對饑童的關注有很多問題，其中之一就是它會妨礙我們思考全球貧困問題的複雜性。不信的話，你可以問問樂施會和聯合國兒童基金會的工作人員，看看他們是不是把讓孩子多活一段時間當成唯一重要的任務。

把西方的富裕和第三世界貧困放在一起，有時會導致積極關心的人直接認為兩者有某種因果關係，彷彿後者的貧窮是因為前者的富有。因此我們應該記得，貧困問題已經遠比一百年前減輕了很多。自一九五〇年以來，開發中國家的預期壽命和識字率都有顯著提高。在一九九〇年，中國還有大約三億七千五百萬人過著世界銀行所謂的「極端貧困」生活，也就是每天收入不到一美元；但是到了二〇〇一年，儘管中國人口持續增加，但極端貧困的人數已經減少了一億六千萬。極端貧困的南亞人也減少了數千萬，唯一落後的只有非洲，而非洲也是全球國家發展學界，以及我們每個人對世界的責任感所面臨的最大挑戰。

富裕國家的政治人物在思考貿易政策、移民政策和援助政策，以及決定應該補貼哪些國內產業、支持和武裝哪些外國政府時，當然會優先回應選民的的需求。但他們也要回應公民對世界的期望，而美國選民對援助外國的態度，始終是個複雜的問題。根據調查，美國人傾向認為對國外的援助太多，並建議將額度降低到聯邦預算的百分之五之類（但這其實是美國二〇〇五年實際對外援助的十倍）。幾十年前，發展經濟學大師阿爾伯特・赫緒曼（Albert O. Hirschman）和理查・伯德（Richard M. Bird）在兩人合寫的論文中給出了一個很有意思的提議：允許納稅人指定將一定比例的稅金（兩人的建議是最多百分之五）作為外援捐款，匯入一個「世界發展基金」中。提議中還有許多鋩角，不過他們認為這麼做很重要的一個效果是：「我們將首次具體了解到有多少美國人確實關心對外援助，願意明確將他們的稅金分配到這件事情上。我們基本上相信援助是愈多愈好，而這個提議最起碼可以讓我們知道有多少人同意我們的看法。」[15]

前面說過，我其實並不知道每個美國人，或是每個人具體的基本義務究竟是什麼。前幾年，聯合國在墨西哥的蒙特雷召開過一次高峰會，邀請世界各國的領導人討論了有什麼具體作法能減輕全球六分之一人口承受的嚴重貧困。會議中討論出的目標都列在《蒙特雷共識》中——當然還沒有實現，對目標有共識不代表我們馬上就可以抵達，但這場世界對話確實處理了世界主義的核心關懷。持續進行這樣的對話很重要，但更重要的是，我們不該僅止於對話。因為如果有人得不到應有的基本權利，而且這樣的人多達數十億，那我們其他人肯定沒有善盡自己的義務。小水池論者對於我們有哪些責任的看法雖不正確，但他們還是說對了一點，那就我們應該負起更多責任。

面對做不到的要求，我們可能會不知所措。但我們肩負的義務並不荒誕，而且相當合理。它沒有要求我們放棄自己現有的生活去當英雄，而是像亞當・斯密的看法一樣，要求我們保持冷靜與理智。傑佛瑞・薩克斯曾計算過，只要在未來二十年內，每年花費約一千五百億美元，我們就能消除會讓人喪命、讓活著失去意義的極端貧困。我不知道這個數字正不正確，也不知道他詳細的提案可不可行。但就算他只說對一半，這筆錢也不到美國年度國防支出的三分之一；只要歐盟、美國、加拿大和日本的每一位公民每天多拿出大約四十五美分，也就是挪威人目前援助的三分之一多一點，就有足夠的資金能幫助世界上最絕望的窮人脫離貧困，而挪威公民的平均財富遠不只是非工業化國家的三倍。[16] 如果我們願意接受世界主義的挑戰，首先要做的就是告訴我們的民意代表，希望他們不要忽視那些陌生人。陌生人的苦難或許能觸動我們，但這非我們行動的主因——感召我們做出行動的，是亞當・斯密口中的

「理性、原則、良知，是居住在我們胸中的人性」。身為富裕國家的人民，我們可以做得更多。這是一個很單純的道德要求。但如果我們的文明更世界主義，這個要求就引起更周遍的共鳴。

對了，如果你還沒讀過《高老頭》，這邊直接劇透：拉斯蒂涅的朋友也順從了他胸中的人性。「嘖，」他幾經眉頭深鎖，開口說道，「我還是會讓那個中國佬活下去。」

謝詞

感謝亨利・路易斯・蓋茨（Skip Gates）邀請我寫這本書，以及他多年來的友誼。同樣也感謝喬許・柯亨（Josh Cohen）和瑪莎・納思邦（Martha Nussbaum），是他們幾年前啟發了我從哲學角度思索世界主義。與馬克・約翰斯頓（Mark Johnston）、斯蒂芬・馬塞多（Steve Macedo）、吉爾伯特・哈曼（Gil Harman）、彼得・辛格（Peter Singer）和喬納森・海特（Jon Haidt）的討論也對我的想法有關鍵的影響（不過，我在書中如何運用他們的想法，依舊是我自己的責任）。非常感謝諾頓出版社的所有人，特別是羅伯特・威爾（Bob Weil）耐心、迅速、有力的編輯，還有羅比・哈靈頓（Roby Harrington）尤其是對本書原始概念的協助，以及Eleen Chung設計的封面。感謝凱倫・道爾頓（Karen Dalton）告訴我們封面上這幅提也波洛的畫。也感謝我的姊妹和她們的丈夫，讓我認識了納米比亞、奈及利亞和挪威等地方，以及更多事物；我在世界各地的表親也在過往幾十年間教導我了解他們見識過的地方。

一如既往，我最想感謝的是我的伴侶亨利．芬德（Henry Finder），我不能沒有你。

雖然我已經在獻詞裡對母親表達過感謝，但我還是忍不住想分享一個小故事，解釋為什麼我要將這本書歸功於她。我的母親於一九五五年移居迦納。當我的父親在一九九〇年去世後，大家就一直問她何時會回家。她總是說：「這裡**就是**我家。」後來她想到了一個主意。她去市政府，買了一塊地，就在我父親墳墓的旁邊，還在上面蓋了一塊水泥板，確保沒有其他人會先被埋進去。之後每次有人問起，她就會說：「我在庫馬西挑好墓地了。」在我寫下這些話的時候，母親從英格蘭移居迦納已經滿五十年了，她依然把庫馬西當成自己的家。

注釋

前言 對話

1. 《加拉太書》第3章第28節本書中引用的《聖經》為《詹姆斯王欽定本》，但《摩西五經》的部分則選用Robert Alter優秀的現代譯本，*The Five Books of Moses* (New York: Norton, 2004)。
2. Cristoph Martin Wieland, "Das Geheimniß des Kosmopolitenordens," *Teutscher Merkur*, August 1788, p. 107.（參考資料如果只有非英文來源，就是我自己翻譯的。）
3. Essai sur les mœurs et l'esprit des nations, vol.16 of *Oeuvres complètes de Voltaire* (Paris: L'Imprimerie de la Société Litteraire-Typographique, 1784), p. 241. 伏爾泰在這裡說的是「東方」，特別是中國和印度，但他肯定也不會拒絕我用到其他地方上。
4. George Eliot, *Daniel Deronda* (London: Penguin, 1995), pp. 745, 661–62, 183.
5. Cicero, *De officiis* 1.50.

第一章 鏡子的碎片

1. *The Romance of Isabel Lady Burton*, ed.by W. H. Wilkins,vol. 2 (New York: Dodd Mead, 1897), p. 712.
2. Homer, *The Odyssey*, trans.Robert Fitzgerald (New York: Farrar, Straus and Giroux, 1998), p. 55.
3. Herodotus, *The Histories*, trans. Aubrey de Sélincourt, rev. John Marincola (London: Penguin, 1996), pp. 12, 14.
4. Richard F. Burton, *To the Gold Coast for Gold* (London: Chatto and Windus,

1883), p. 59.

5. *Blackwood's Edinburgh Magazine* 83 (February 1858): 222; (March 1858): 276, 289; (February 1858): 220.
6. Richard F. Burton, *The City of the Saints and across the Rocky Mountains to California* (New York: Harper and Brothers, 1862), pp. 38, 152, 36, 446, 404–10.

第二章　逃離實證主義

1. Herodotus, *The Histories*, trans.Aubrey de Sélincourt, rev. John Marincola (London: Penguin, 1996), p. 169.
2. "Hadji Murat," in Leo Tolstoy, *Master and Man and Other Stories*, trans.Paul Foote (London: Penguin, 1977), p. 240.
3. William G. Sumner, *Folkways* (Boston: Atheneum Press, 1907), p. 331.
4. Melville J. Herskovits, *Cultural Relativism* (New York: Random House, 1973), p. 56.

第四章　道德分歧

1. Michael Walzer, *Thick and Thin: Moral Arguments at Home and Abroad* (Notre Dame: University of Notre Dame Press, 1994).
2. 參閱Paul Rozin, "Food Is Fundamental, Fun, Frightening, and Far-reaching," *Social Research* 66 (1999): 9–30.感謝John Haidt和我討論這些議題。
3. 《利未記》第18章第22節和第20章第13節。
4. Menstruation：《利未記》第15章第19到28節。Male ejaculation：《利未記》第15章16到18節。
5. 《利未記》第17章第11到13節。在618頁的一條注腳中，Alter暗示了這個解釋的內容真正的意思。禁令本身則出於前一節經文。
6. 哈特使用「開放性質」的概念來討論法理學，請參閱*The Concept of Law* (Oxford: Clarendon Press, 1997), chap.6。他從F. Waismann那裡借用了「開放性質」的概念，認為開放性質是語言不可化約的特徵。公園關於車輛的規定，則是哈特提出的例子。參閱"Positivism and the Separation of Law and Morals," *Harvard Law Review* 71 (1958): 593–629.

7. W. B. Gallie, “Essentially Contested Concepts,” *Proceedings of the Aristotelian Society* 56 (1956): 169.
8. Charles L. Black Jr., *Capital Punishment: The Inevitability of Caprice and Mistake*, 2d ed. (New York: Norton, 1981).

第五章　實踐才是核心

1. Cass R. Sunstein, “Incompletely Theorized Agreements,” *Harvard Law Review* 108 (1995): 1733–72.
2. Joseph Appiah, *Joe Appiah: The Autobiography of an African Patriot* (New York: Praeger, 1990), p. 22.
3. 我藉一位穆斯林之口來表達這種抱怨。但其實在許多地方，非穆斯林也可能會有類似的聲音。只是在不信伊斯蘭教的非洲，這樣的聲音較少見，因為一般而言（正如沈恩所指出的），當地女性在公領域的地位相對沒那麼不平等。參閱Jean Drèze and Amartya Sen, *Hunger and Public Action* (Oxford: Clarendon Press, 1989).

第六章　幻想中的陌生人

1. Brent Berlin and Paul Kay, *Basic Color Terms: Their Universality and Evolution* (Berkeley: University of California Press, 1969).
2. Donald Brown, *Human Universals* (Boston: McGraw-Hill, 1991).

第七章　世界主義與文化污染

1. John Stuart Mill, *On Liberty, in Essays on Politics and Society*, ed.John M. Robson, vol.18 of *The Collected Works of John Stuart Mill* (Toronto: University of Toronto Press, 1977), p. 270.
2. 載於Larry Strelitz, “Where the Global Meets the Local: Media Studies and the Myth of Cultural Homogenization,” *Transnational Broadcasting Studies*, no. 6 (Spring/Summer 2001), http://www.tbsjournal.com/Archives/Spring01/strelitz.html.
3. Ien Ang, *Watching “Dallas”: Soap Opera and the Melodramatic Imagination*

(London: Methuen, 1985); Tamar Liebes and Elihu Katz, *The Export of Meaning: Cross-cultural Readings of Dallas* (New York: Oxford University Press, 1990); John Sinclair, Elizabeth Jacka, and Stuart Cunningham, eds., *New Patterns in Global Television: Peripheral Vision* (New York: Oxford University Press, 1996); Rob Nixon, *Homelands, Harlem and Hollywood: South African Culture and the World Beyond* (New York: Routledge, 1994); Strelitz, "Where the Global Meets the Local."

4. 參閱J. D. Straubhaar, "Beyond Media Imperialism: Asymmetrical Interdependence and Cultural Proximity," *Critical Studies in Mass Communications 8* (1991): 39–59.
5. 祖魯學生西波的話，出自Larry Strelitz *Where the Global Meets the Local: South African Youth and Their Experience of the Global Media* (PhD Thesis, Rhodes University, 2003), pp. 137–41.
6. Salman Rushdie, *Imaginary Homelands: Essays and Criticism, 1981–1991* (London: Granta Books, 1991), p. 394.

第八章　誰的文化？

1. Ivor Wilks, *Asante in the Nineteenth Century: The Structure and Evolution of a Political Order* (Cambridge: Cambridge University Press, 1975). 十九世紀的阿散蒂歷史和對英戰爭及後續條約有很深刻的關係。加尼特・沃爾斯利爵士洗劫庫馬西的目的，是確立英國在當地的支配地位；不過事實上，他雖然在一八七四年二月四日暢行無阻進入庫馬西，但兩天後就不得不撤退，以將生病和受傷的人帶回黃金海岸殖民地的安全地帶。至於一八九五到一八九六年貝登堡參加的那場遠征，則有部分是為了執行一八七四年簽訂的條約，並讓國王屈服，以確立英國對阿散蒂的主權。英國最後將阿散蒂赫內等政治領袖流放到了塞席爾等印度洋上的偏遠島嶼，使他們難以跟自己的人民聯絡。普列姆佩一世於一九二四年以私人名義回到黃金海岸殖民地，並在幾年後獲准恢復其庫馬西赫內的頭銜。直到一九三五年，他的繼任者奧塞・阿吉曼・普雷姆佩二世（也就是我的舅祖父），才被允許恢復阿散蒂王的頭銜。

2. 我要特別感謝John Henry Merryman在其高論中清晰（且世界主義地）介紹了國際法的相關發展，參閱“Two Ways of Thinking about Cultural Property,” *American Journal of International Law* 80, no. 4 (October 1986): 831–53.
3. James Cuno, “U.S. Art Museums and Cultural Property,” *Connecticut Journal of International Law16* (Spring 2001): 189–96.
4. Michael F. Brown, “Can Culture Be Copyrighted?” *Current Anthropology* 39, no. 2 (April 1998): 203.
5. Lawrence Lessig, *Free Culture: How Big Media Uses Technology and the Law to Lock Down Culture and Control Creativity* (New York: Penguin Press, 2004).
6. Merryman, “Two Ways of Thinking,” p. 852.
7. 《每日電訊報》、倫敦《泰晤士報》、《紐約先驅報》的引文，以及關於奧塞・邦蘇的資料，皆出自Wilks, *Asante in the Nineteenth Century*, pp. 200–201.

第九章　惡性世界主義

1. Olivier Roy, *Globalized Islam: The Search for a New Ummah* (New York: Columbia University Press, 2004), p. 25.雖然在美國出版，但這本書用的幾乎都是英式英文。為了方便讀者，我偷偷把單字換成美式拼法了。
2. 同上，p. 149.
3. Jeffrey Gettleman with David M. Halbfinger, “Suspect in ’96 Olympic Bombing and 3 Other Attacks Is Caught,” *New York Times*, June 1, 2003, p. 1.
4. 關於賽義德・艾哈邁德・汗請參閱Javed Majeed的文章，見*Islam and Modernity: Muslim Intellectuals Respond* (London: I. B. Tauris, 2000)；關於塔哈請見Mohamed Mahmoud的文章；這本書多處引用了Muhammad ‘Abduh的文字。亦可參閱Tariq Ramadan, *Western Muslims and the Future of Islam* (New York: Oxford University Press, 2003); Khaled Abou El-Fadl, *The Place of Tolerance in Islam* (Boston: Beacon Press, 2002).
5. 參閱訪談，Rania Al Malky in *Egypt Today*, 26, no. 2 (February 2005).
6. *The Koran*, trans.N. J. Dawood (London: Penguin, 2002) 29:46; 2:256.
7. Bernard Williams, *Ethics and the Limits of Philosophy* (Cambridge: Harvard

University Press, 1985), p. 174.

8. Burke, *Reflections on the Revolution in France*, ed.J. C. D. Clark (Stanford: Stanford University Press, 2001), p. 202.

第十章　給陌生人的善意

1. Honoré de Balzac, *Père Goriot* (Paris: Éditions Garniers Frères, 1961), pp. 154–55.〔這版的注腳指出，巴爾札克是從駐英大使夏多布里昂（François-René de Chateaubriand）筆下知道中國大官的例子，而夏多布里昂當然熟悉亞當・斯密的著作。〕
2. Adam Smith, *The Theory of Moral Sentiments*, ed.Knud Haakonssen (Cambridge: Cambridge University Press, 2002), p. 157.該章節題為〈論良心的影響力與權威〉（Of the Influence and Authority of Conscience）。
3. Robert Sibley, "Globalization and the Meaning of Canadian Life," *Canadian Review of Books*, 28, nos. 8–9 (Winter 2000).
4. Peter Unger, *Living High and Letting Die: Our Illusion of Innocence* (New York: Oxford University Press, 1996), p. 56.
5. Peter Singer, "Famine, Affluence, and Morality," *Philosophy and Public Affairs*, 1, no. 3 (Spring 1972): 231.
6. Unger, *Living High*, p. 143.
7. 辛格的原文是：「如果我們有能力阻止壞事發生，而不須因此做出任何道德上同等重要的犧牲，我們在道德上就該這樣做。所謂『不須做出任何道德上同等重要的犧牲』，是指在此過程中，相較於我們可以阻止的壞事，我們不會引發其他同樣糟糕的事情，或執行本身就是錯誤的行為，或是未能推動某些同等重要的善。」Singer, "Famine," p. 231.
8. Martha C. Nussbaum在"Human Capabilities"中定義我們天生有哪些權益的方式很吸引我。請見Martha C. Nussbaum and Jonathan Glover, eds.*Women, Culture, and Development: A Study of Human Capabilities* (Oxford: Clarendon Press, 1995), p. 72.欲更深入了解這派思想，請參閱Martha C. Nussbaum and Amartya Sen, eds., *The Quality of Life* (Oxford: Oxford University Press, 1993).
9. Richard W. Miller, "Cosmopolitan Respect and Patriotic Concern," *Philosophy*

and Public Affairs 27 (1998): 209.

10. George Easterly, *The Elusive Quest for Growth: Economists' Adventures and Misadventures in the Tropics* (Cambridge: MIT Press, 2001).
11. Craig Burnside and David Dollar, "Aid, Policies, and Growth" (World Bank Policy Research Working Paper No. 569252, June 1997), http://ssrn.com/abstract=569252.
12. David R. Francis, "U.S. Foreign Aid: Do Americans Give Enough?" *Christian Science Monitor*, January 6, 2005.
13. Steven Radelet, "Think Again: Foreign Aid," Posted on the *Foreign Policy* magazine Web site February 2005, http://www.foreignpolicy.com/story/files/story2773.php.
14. Radelet，同上。作者指出，美國承諾的三點五億美元援助，和其從印尼、斯里蘭卡、泰國和印度進口時所徵收的十八億美元關稅相比，顯得微不足道。
15. Albert O. Hirschman, with Richard M. Bird, *Foreign Aid: A Critique and a Proposal*, Princeton Essays in International Finance, no. 69 (July 1968)，轉載於 Hirschman, *A Bias for Hope: Essays on Development and Latin America* (New Haven: Yale University Press, 1971), p. 224.
16. Francis, "U.S. Foreign Aid."

ithink
RI7010

超越國界的公民思辨

如何與異溫層交流？沒捐錢給難民是錯的嗎？
當代倫理學大師談全球化時代的道德難題

Cosmopolitanism: Ethics in a World of Strangers

•原著書名：Cosmopolitanism: Ethics in a World of Strangers•作者：克瓦米．安東尼．阿皮亞 Kwame Anthony Appiah•翻譯：盧靜•封面設計：陳文德•內文排版：李秀菊•校對：李鳳珠•主編：徐凡•責任編輯：吳貞儀•國際版權：吳玲緯、楊靜•行銷：闕志勳、吳宇軒、余一霞•業務：李再星、李振東、陳美燕•總編輯：巫維珍•編輯總監：劉麗真•出版社：麥田出版／城邦文化事業股份有限公司／115台北市南港區昆陽街16號4樓／電話：(02) 25000888／傳真：(02) 25001951、發行：英屬蓋曼群島商家庭傳媒股份有限公司城邦分公司／115台北市南港區昆陽街16號8樓／書虫客戶服務專線：(02) 25007718；25007719／24小時傳真服務：(02) 25001990；25001991／讀者服務信箱：service@readingclub.com.tw／劃撥帳號：19863813／戶名：書虫股份有限公司•香港發行所：城邦（香港）出版集團有限公司／香港九龍土瓜灣土瓜灣道86號順聯工業大廈6樓A室／電話：(852) 25086231／傳真：(852) 25789337•馬新發行所／城邦（馬新）出版集團【Cite(M) Sdn. Bhd.】／41, Jalan Radin Anum, Bandar Baru Seri Petaling, 57000 Kuala Lumpur, Malaysia.／電話：+603-9056-3833／傳真：+603-9057-6622／讀者服務信箱：services@cite.my•印刷：漾格科技股份有限公司•2024年5月初版一刷•定價380元

國家圖書館出版品預行編目資料

超越國界的公民思辨：如何與異溫層交流？沒捐錢給難民是錯的嗎？當代倫理學大師談全球化時代的道德難題／克瓦米．安東尼．阿皮亞（Kwame Anthony Appiah）著；盧靜譯. -- 初版. -- 臺北市：麥田出版：英屬蓋曼群島商家庭傳媒股份有限公司城邦分公司發行, 2024. 5
面；　公分
譯自：Cosmopolitanism: Ethics in a World of Strangers
ISBN 978-626-310-634-5（平裝）
EISBN 978-626-310-631-4 (EPUB)
1.CST: 道德　2.CST: 倫理學　3.CST: 世界主義
190　　113000432

城邦讀書花園
www.cite.com.tw